突然ですが…
知っていますか？

40歳を過ぎたら
がんばらない方
やせるんです！

40代からの動けるからだクラブ主宰
みっこ

え？と思われた方、
たくさんいるかもしれません。

でも、本当。

いくら筋トレや食事制限に励んでも
大人の体はそう簡単にはやせてくれません。

じゃ、がんばらないってどうするの？

大切なのは体をほぐし、ゆるめること。
長年の姿勢のくずれや体のクセで
固まった筋膜の引きつれをほどいてあげるんです。
すると、筋肉の運動量がアップして
自然とやせやすい体になる。

そこで生まれたのが、
引きつれをはがし、
体を気持ちよくほぐし整える
「つまぷるストレッチ」。

大丈夫！ 必ず、体は応えてくれます。

反省するくらいなら、イチつまぷる

食べ過ぎた、もうダメ。そんなときこそ、どの部位でもいいからイチつまぷる。ほぐれてくるとまた体を動かしたくなります。

朝ストレッチでハッピーな日に変わる！

やる気が出ない朝を軽やかにスタートできると、その日が楽しくなる。無意識に体の運動量も上がってきます。

つまぷるストレッチを楽しむコツ！

疲れたとき、やる気が出ないとき。ぜひ思い出してください。気持ちが前を向くと、縮こまっていた体をグンと伸ばしたくなるはず！

ちょっと乱暴ですが…
ストレッチをなめるな！

本当にやせるの？と思ったら、この言葉を。
もし体の変化を感じていなければ、
正しくできていない可能性も。
姿勢、ポーズを見直して。

ストレッチはいたわりの時間。
自分をもっと好きになる！

最近自分のための時間とれていますか？
毎日のストレッチ習慣は
自分へのご褒美。心をほぐす大切な時間と捉えて。

つまぷるの基本をマスター

つまんでぷるぷるとゆらす。そして伸ばーす。
ね、とても簡単!
固まったお肉や筋膜を柔らかくゆるめていきます。

まず!つまんでぷるぷる

1

やさしくお肉を集めて
つまむ。

2

ぷるぷると上下にゆらす。
つまむ位置を少しずつ
変えながら、繰り返す。

つまむ強さはこのくらい！

水風船をやさしく持って軽くつぶれる程度。決して爪を立てたり、つねるようにつままないように注意！

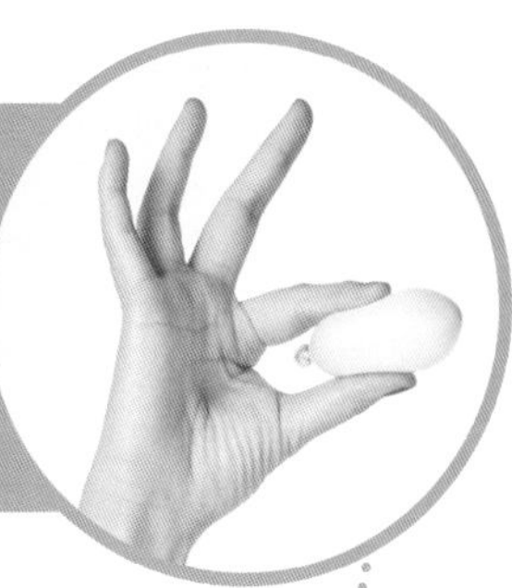

次に！ 集めて伸ばーす

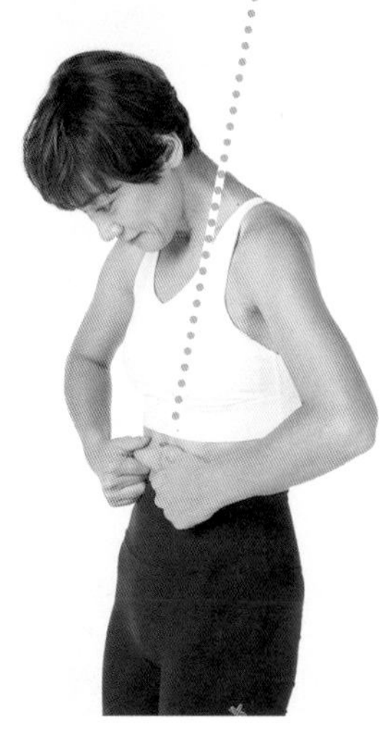

3

お肉を集めやすいよう、丸くなってつまみ…

4

つまんだお肉が指から外れるまでぐーんと伸ばす。
少しずつ位置を変えながら、つまんで伸ばすを繰り返す。

ストレッチの基本姿勢とは

ストレッチ中の動きや姿勢を、
「パンツ上」「パンツ下」という言葉でわかりやすく説明。
特に骨盤や股関節、背中のストレッチに
出てくるので覚えておきましょう。

「パンツ下」は
反り腰に
なりやすいので注意

パンツ上・下とは?

左右の腰骨と恥骨を結ぶ逆三角形の部分を「パンツ」とします。
天井に向けるようにグイッと上げるのが「パンツ上」、
反対に床に向けるように下げるのが「パンツ下」。

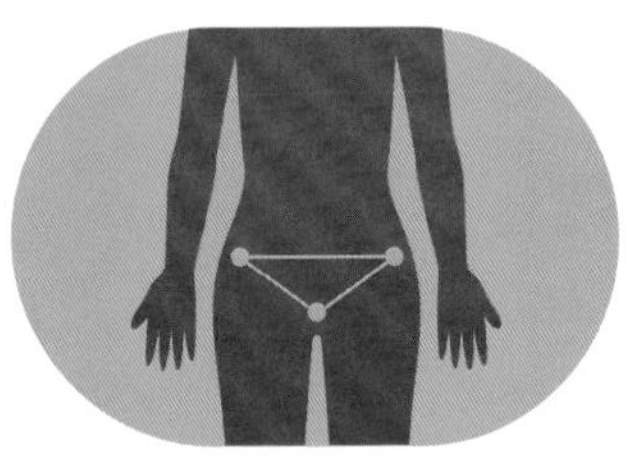

たとえば、
骨盤を動かすときは「パンツ上・下」を繰り返したり、
背筋を伸ばすときは「パンツ下」にならないよう注意したり。
それぞれのストレッチのページで詳しく解説します。

この正しく
立ったときの感覚を
覚えておきましょう！

※反り腰ぎみの人は「パンツ」が下を向きやすいので、上に向ける意識で立つと、ちょうど「パンツ前」になる。

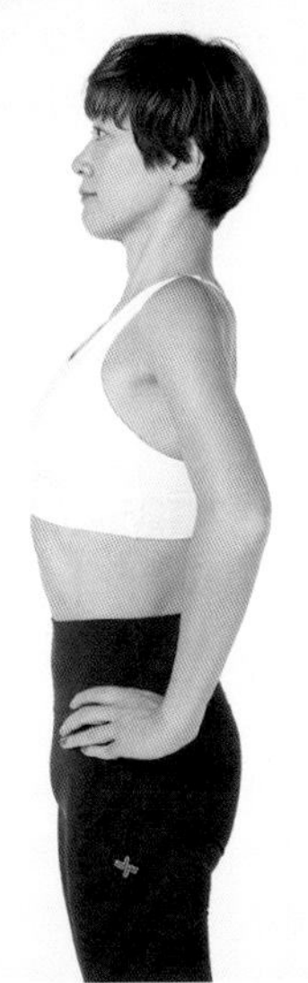

「パンツ前」をキープしながらまっすぐ立つのがきれいな姿勢

「パンツ上」はお腹が引っ込み、脚のつけ根が伸びる

CONTENTS

突然ですが…知っていますか?
40歳を過ぎたら、
がんばらない方がやせるんです! …… 1
つまぷるの基本をマスター …… 6
ストレッチの基本姿勢とは …… 8
本書の使い方 …… 14

STAFF
ブックデザイン:木村由香利(986design)
撮影:飯島治彦
撮影アシスタント:川端健太
ヘアメイク:山崎由里子
スタイリング:古賀麻衣子
校正:文字工房燦光
制作協力:かなえ、ゆなぞん
編集協力:薄葉亜希子
編集担当:今野晃子(KADOKAWA)

立って行う

1 お腹ドームならし …… 16
2 みぞおちつまぷる …… 18
3 クロスつまぷる …… 20
4 下腹つまぷる …… 22
5 はい! ストレッチ …… 24
6 肋骨はがし …… 26
7 肋間筋はがし …… 28
8 肋骨呼吸 …… 30
9 わき腹つまぷる …… 32
10 わき腹ストレッチ …… 34
11 引き締め呼吸1 …… 36
12 引き締め呼吸2 …… 38
13 骨盤体操 …… 40
14 腹ペタばんざい …… 42
15 腹筋もも上げ …… 44

16 みぞおちブラブラ……46
17 そけい部つまぷる……48
18 体をひねるストレッチ……50
19 お腹ねじねじ……52
20 1分間ウォーク……54
21 腰回し……56
22 ふくらはぎストレッチ……58
23 前ももストレッチ……60
24 内ももストレッチ……62
25 おしりスクワット……64
26 バレエスクワット……66
27 胸はがしストレッチ……68
28 胸つまぷる……70
29 鎖骨つまぷる……72
30 肩甲骨寄せストレッチ……74
31 胸を開くストレッチ……76
32 肩甲骨深部ストレッチ……78
33 広背筋つまぷる……80
34 広背筋ストレッチ……82
35 二の腕つまぷる……84
36 わきつまぷる……86
37 二の腕とわきのストレッチ……88
38 二の腕シャキーン……90
39 肩の後ろのストレッチ……92
40 肩甲骨ぐるぐる回し……94
41 首肩つまぷる……96
42 首肩ストレッチ……98
43 肩上げ下げ……100
44 胸鎖乳突筋つまぷる……102
45 胸鎖乳突筋ストレッチ……104

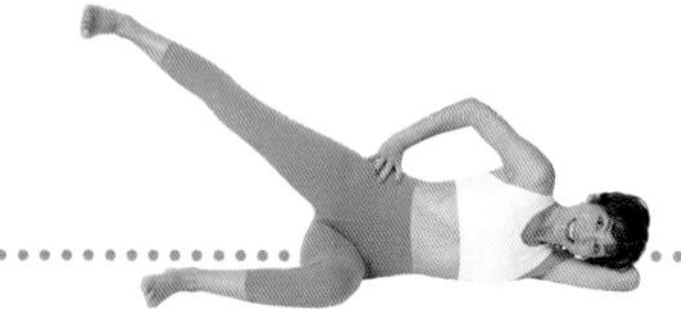

寝て行う

46 側頭筋ほぐし …… 106
47 耳つまみ&耳ぎょうざ …… 108
48 耳引っ張り&耳回し …… 110
49 お腹ドームならし …… 112
50 みぞおちつまぷる …… 114
51 クロスつまぷる …… 116
52 下腹つまぷる …… 118
53 お腹のストレッチ …… 120
54 ウエストひねり …… 122
55 骨盤ストレッチ …… 124
56 下腹トントン …… 126
57 骨盤コントロール …… 128
58 脚上げ …… 130
59 骨盤ワイパー …… 132
60 わき腹つまぷる …… 134

61 わき腹ストレッチ …… 136
62 体の前側のストレッチ …… 138
63 お腹〜首のストレッチ …… 140
64 ひざ抱え …… 142
65 ふくらはぎリリース …… 144
66 足首ワイパー …… 146
67 ミニ足パカ …… 148
68 寝て前ももストレッチ …… 150
69 おしりタオルリリース …… 152
70 外ももタオルリリース …… 154
71 もも裏のタオルストレッチ …… 156
72 外もものタオルストレッチ …… 158
73 内もものタオルストレッチ …… 160
74 おしり4の字ストレッチ …… 162
75 おしり上げ体操 …… 164

衣装協力

チャコット 問0120-155-653(お客様相談室)

XEXYMIX JAPAN 問event@brandx.co.jp

座って行う

76 脚上げ体操 …… 166
77 胸つまぶる …… 168
78 胸のストレッチ …… 170
79 菱形筋はがし …… 172
80 胸の横のタオルリリース …… 174
81 胸伸ばし …… 176
82 背骨のストレッチ …… 178
83 胸を開く体操 …… 180
84 腰つまぶる …… 182
85 腰方形筋つまぶる …… 184
86 腰のストレッチ …… 186
87 腰方形筋ストレッチ …… 188
88 おしりストレッチ …… 190
89 外もも&前ももつまぶる …… 192
90 内もも&もも裏つまぶる …… 194
91 ひざ倒しストレッチ …… 196
92 開脚ストレッチ …… 198
93 ひざまわりつまぶる …… 200
94 ふくらはぎつまぶる …… 202
95 足指はがし …… 204
96 足首回し …… 206
97 胸と背中のストレッチ …… 208
98 手~前腕のストレッチ …… 210
99 二の腕バイバイ …… 212
100 二の腕曲げ伸ばし …… 214

目的別PROGRAM

朝に! 代謝が上がるプログラム …… 216
寝ている間にやせるプログラム …… 218
脂肪燃焼プログラム …… 220
猫背改善プログラム …… 222

本書の使い方

見開きごとに1ストレッチ、全部で100のストレッチを紹介しています。
右ページではストレッチをする際のポイントと効果について、
左ページでは動きの手順、
気をつけるべきこと、知ってほしい情報などをまとめています。

手順＆チェック項目
ストレッチの手順と気をつけたい点をまとめています。

部位
どこに効くのか、部位をマーク。

タイトル
つまぷるや体操、ストレッチ名を記載。

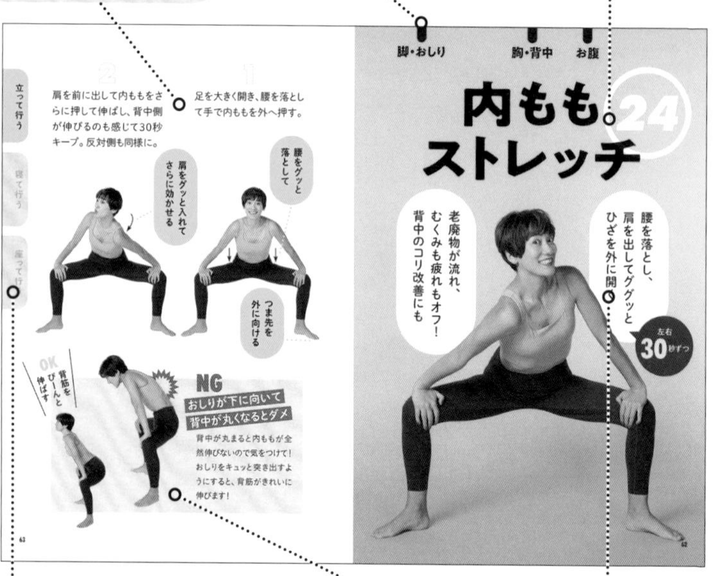

カテゴリー
立って行う、寝て行う、座って行うの3つの姿勢ごとに紹介。

OK／NG
特に注意したいNGの動きをこちらに。

ポイント＆効果
特に意識してほしい動きのコツと効果を紹介。

1日1ストレッチ！を目標に続けましょう

例えば、こんな使い方！

オススメ！ 1

インスピレーションを受けてハッピーに！

パッと開いたページのストレッチを1日1つ行う。
その日のあなたに必要なハッピーストレッチになるはず！

・・・

オススメ！ 2

3つ続けて効果をアップ！

パッと開いたページとその前後の3つをやってみる。
姿勢別＆部位別に並んでいるので、一緒に行うとより効果的！

・・・

オススメ！ 3

全部を網羅してみる！

1回目は100個を順にやり、つまぷるストレッチを体得。
2回目からはお気に入りを選んで重点的に行うのも◎。

・・・

オススメ！ 4

やせたい部位を狙いうち！

とにかくやせたい！部分を強化。
お腹、脚、おしり…と効かせたい部位を拾って
自分なりのメニューを作るのも楽しい！

自由に楽しくハッピーに！
さあ、スタート！

1 お腹ドームならし

1分

息を止めずに
フーッと
吐きながら

ぽっこりの
お腹ドームは
ならせば凹む！

1 体を丸め、人さし指から小指をお腹にさし入れる。

2 指を上下に動かしてほぐす。みぞおちから下腹にかけてまんべんなく行う。

② みぞおちつまぷる

肋骨からはがすイメージでお肉を集めて！

ぽっこりお腹に効果てきめん

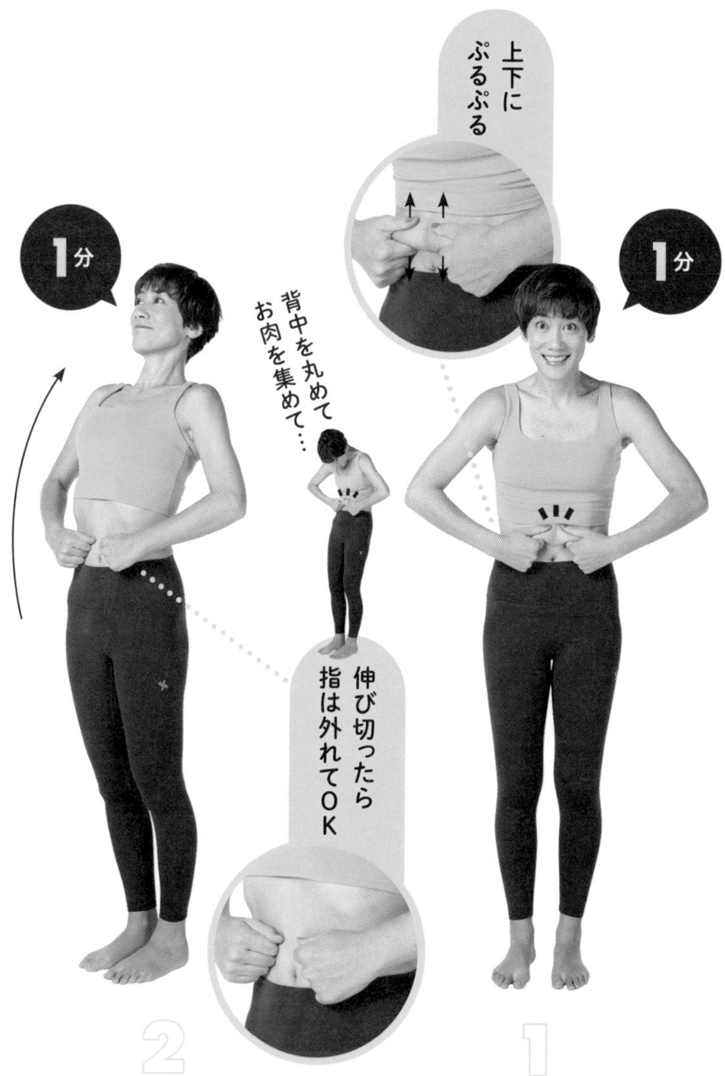

みぞおちのお肉を集めてつまみ、上下にゆらす。つまむ場所を変えながら1分行う。

みぞおちとおへそを離すように体を引き上げてお腹を伸ばす。つまんで伸ばすを1分続ける。

お腹

③ クロスつまぷる

やさしくつまんで大きく動かす

ぶ厚いおへそまわりのお肉にアプローチ！

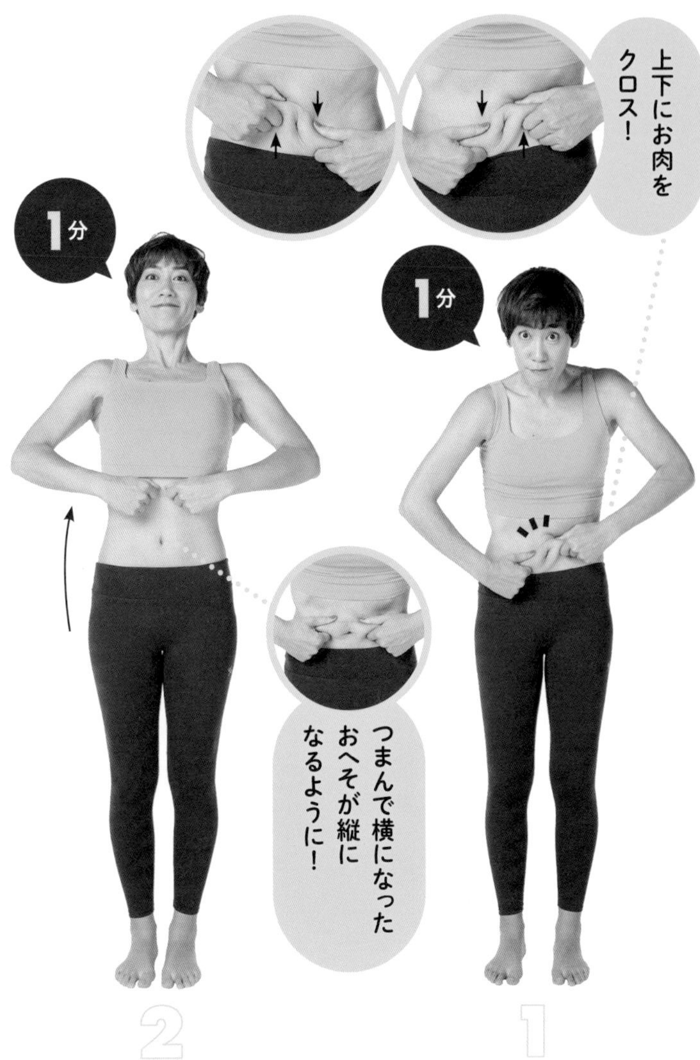

おへその横のお肉をつまみ、上下交互にゆらす。つまむ場所を変えて1分行う。

お肉をつまんだまま、体を引き上げてお腹を伸ばす。伸び切ったらお肉から手が外れてOK。これを1分間続ける。

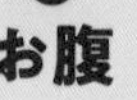

4 下腹つまぷる

左右片側ずつ
しっかりゆらして

下腹スッキリ!
そけい部がほぐれて
老廃物が流れ出す

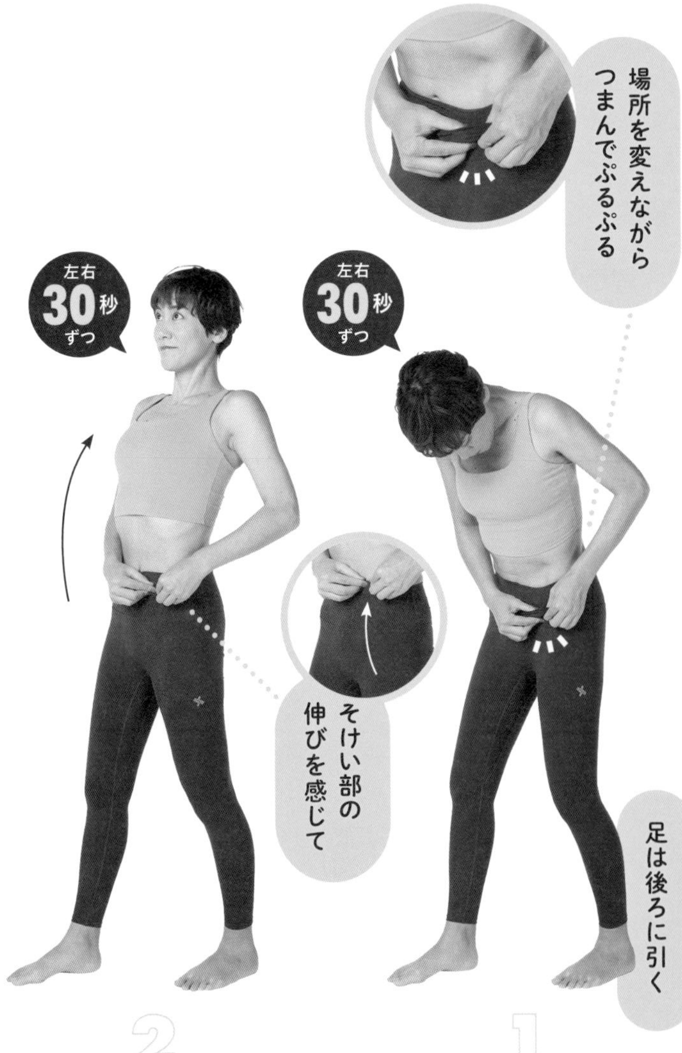

1

少しかがんで左側の下腹のお肉を場所を変えながらつまんでゆらす。

2

体を起こしながらつまんだお肉を引き上げてそけい部を伸ばす。伸び切ったらお肉から手が外れてOK。

はい！ストレッチ

左右
10回ずつ

体が大きく伸びて
気持ちいい〜
やせスイッチオン！

引っ込めた
状態をキープ！

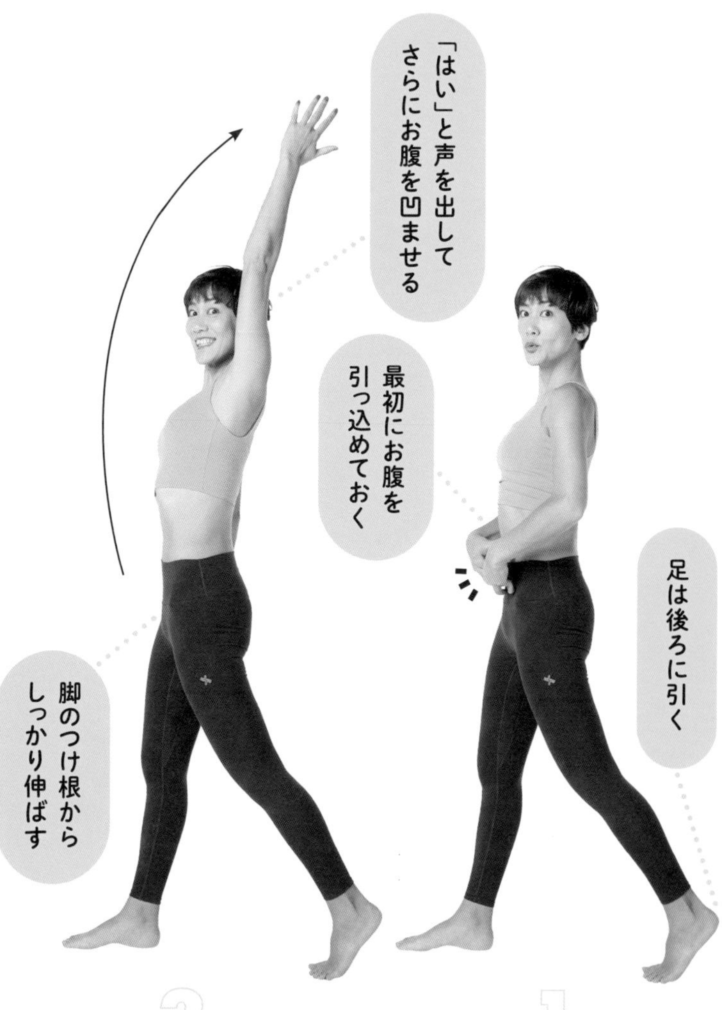

2

後ろに下げたほうの腕をグーッと上げてお腹を伸ばす。反対側も同様に。

1

お腹を凹ませて姿勢よく立ち、前後に足を開く。

お腹

6 肋骨はがし

30秒

肋骨を感じながら
上下にゴシゴシ

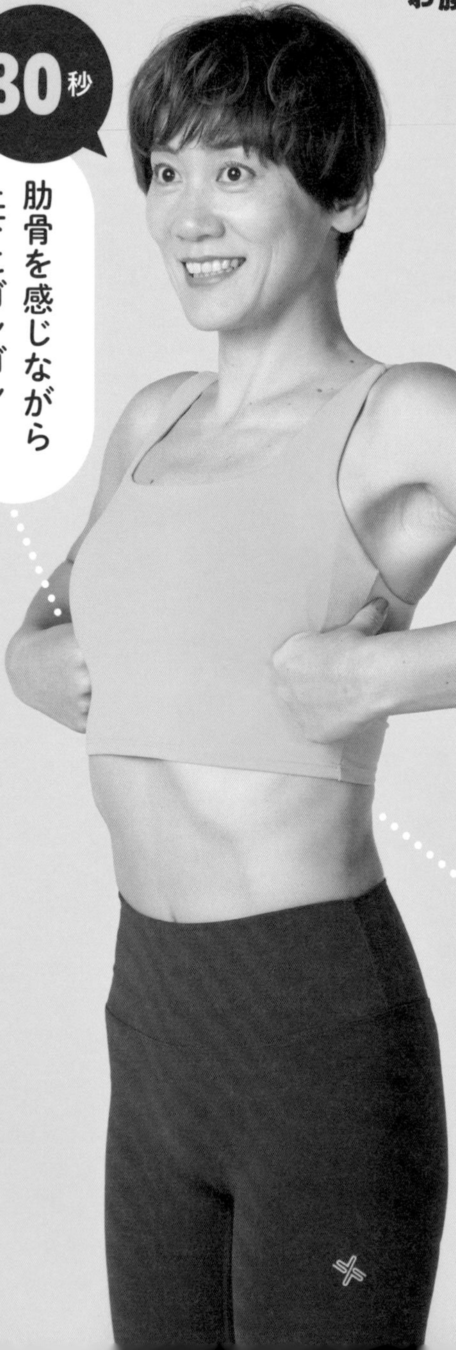

呼吸筋がほぐれて
美姿勢＆
くびれが復活！

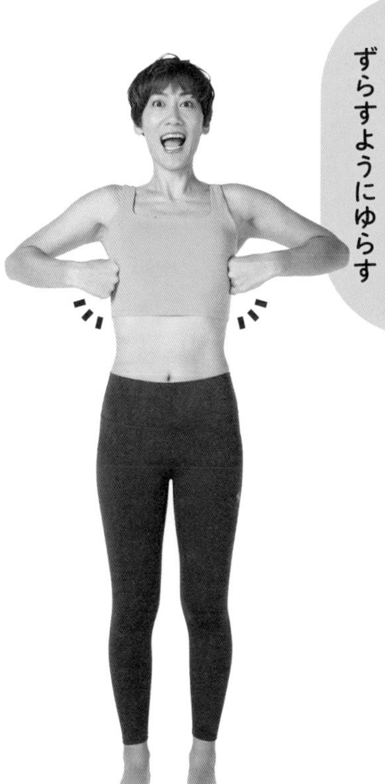

手をグーにして肋骨を挟み、手で皮を押さえながらそのまま上下に動かす。

痛いのは普段から肋骨を動かしていない証拠

はい、まず深呼吸してみましょう。胸がふくらんで肋骨がちゃんと動いていますか？　普段から運動不足だと、呼吸が浅くなって肋骨がカチコチ状態に。肋骨が固まって動かなくなると、くびれがなくなり呼吸が浅くなることで代謝が下がり、太りやすくなります。肋骨をほぐすと痛いのは普段動かせていない証拠。最初はゆっくりでいいので大きくゆらしてあげましょう。

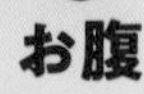

お腹

7 肋間筋はがし

呼吸が深まって
体が軽く。
猫背や肩コリも改善

肋骨と肋骨の間を
意識して
キュキュキュキュキュッ

左右
30秒ずつ

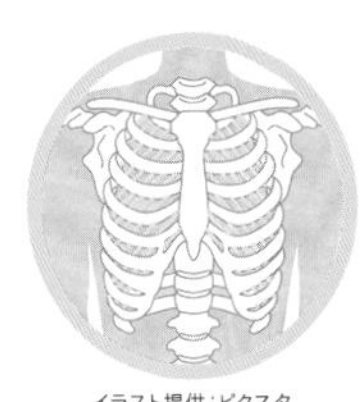

イラスト提供：ピクスタ

肋間筋とは…

肋骨と肋骨の間にあり、呼吸運動に深く関わる筋肉のひとつ。

1

肋骨と肋骨の間に指を入れてゴシゴシとほぐす。

2

途中、手を止めて深呼吸。場所を変えながらほぐしていく。反対側も同様に。

お腹

8 肋骨呼吸

10回呼吸

限界まで息を吸い切って吐き切る〜！

肋骨が締まりウエストがキュッと小さく

吸って〜〜
（肋骨を広げて〜）

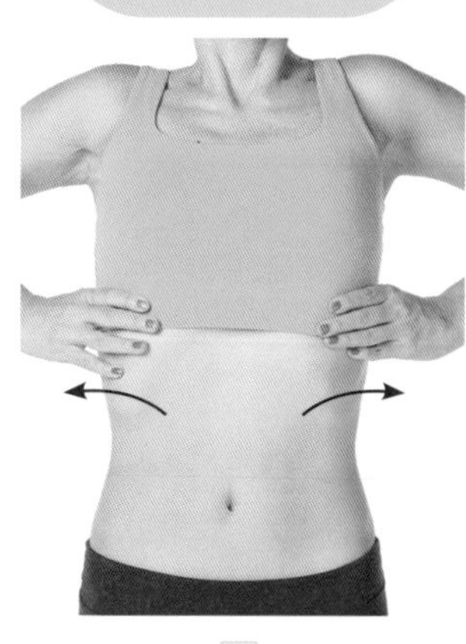

1

肋骨の外側に手を当て、肋骨を広げるように大きく息を吸い込む。

吐いて〜〜
（肋骨を縮める〜）

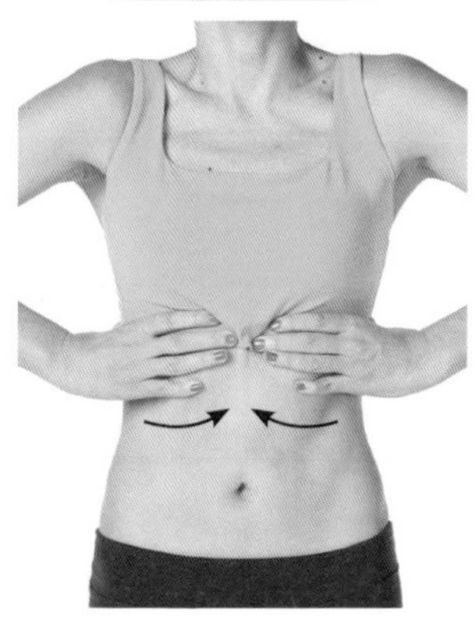

2

肋骨を閉じるようにして息をフーッとゆっくり吐く。吸って吐いて1回と数え、10回行う。

肋骨を大きく動かしてやせ筋を鍛えよう

呼吸するときに肋骨の筋肉を使っていると27ページでお話ししました。この「肋骨呼吸」は文字どおり呼吸が主役。しっかり意識して行うことで「ウエストを引き締める筋肉」を目覚めさせていきます。

息を胸いっぱい吸い込んで肋骨を膨らませ、息を吐くときは限界まで！ がんばって！ しっかりと肋骨を縮めて、肋骨を動かす感覚をつかみましょう。

9 わき腹つまぷる

背中側のお肉も
しっかり集めて

腰肉がとれて
くびれが蘇る！

1
左側のわき腹のお肉を集めてつまみ、つまむ場所を変えながら上下にぷるぷるゆらす。

2
つまんだお肉を引き上げながら、体を逆側に倒してわき腹を伸ばす。伸び切ったらお肉から手が外れてOK。右側も同様に行う。

お腹

10 わき腹ストレッチ

フーッと息を吐きながら倒す

左右30秒ずつ
深呼吸しながら

ぽっこりお腹がスッキリ引っ込む！

立って行う

寝て行う

座って行う

1 軽く足を開いて立ち、左腕を上げて右手で左手首を持つ。体を引き上げてスタンバイ。

2 体を伸ばしたまま、息を吐いて右横に倒す。さらに斜め上へと引っ張って伸ばす。反対側も同様に。

11 引き締め呼吸1

5呼吸
×3セット

おへその下を
指差して
動きをチェック！

天然のコルセット・
腹横筋が鍛えられて
引き締まる

1

腹式呼吸で大きく息を吸いながら、お腹をふくらませる。

腹横筋とは…
腹筋のいちばん奥にあるインナーマッスル。天然のコルセットと呼ばれる。

2

フッフッと短く息を吐くごとにお腹を凹ませる。1回吸って5回吐いて1呼吸。5呼吸で1セットと数える。

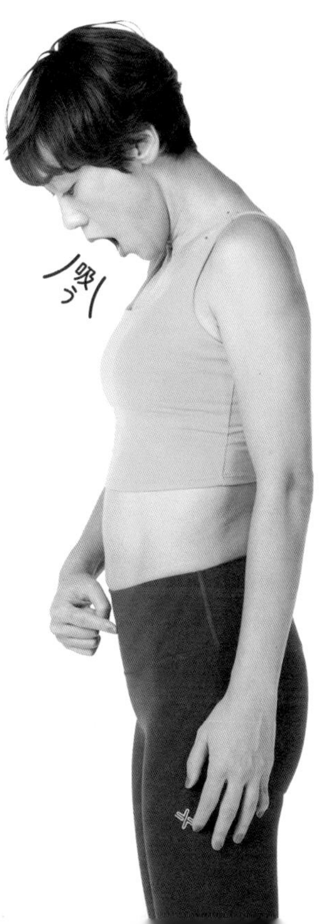

12 引き締め呼吸2

お腹を
凹ませたまま呼吸。
がんばって！

5呼吸
×2セット

たるんだ下腹が
憧れのペタ腹に！

立って行う
寝て行う
座って行う

1

両腕を頭の上に伸ばし、そのまま息を吸ってお腹を凹ませる。

2

短く息を吐くごとに、さらにお腹を凹ませる。1回吸って5回吐いて1呼吸。5呼吸で1セットと数える。

お腹

13 骨盤体操

10回 ×2セット

骨盤を立てる感覚を覚えよう

反り腰を改善！腰痛、背中のコリにも効く

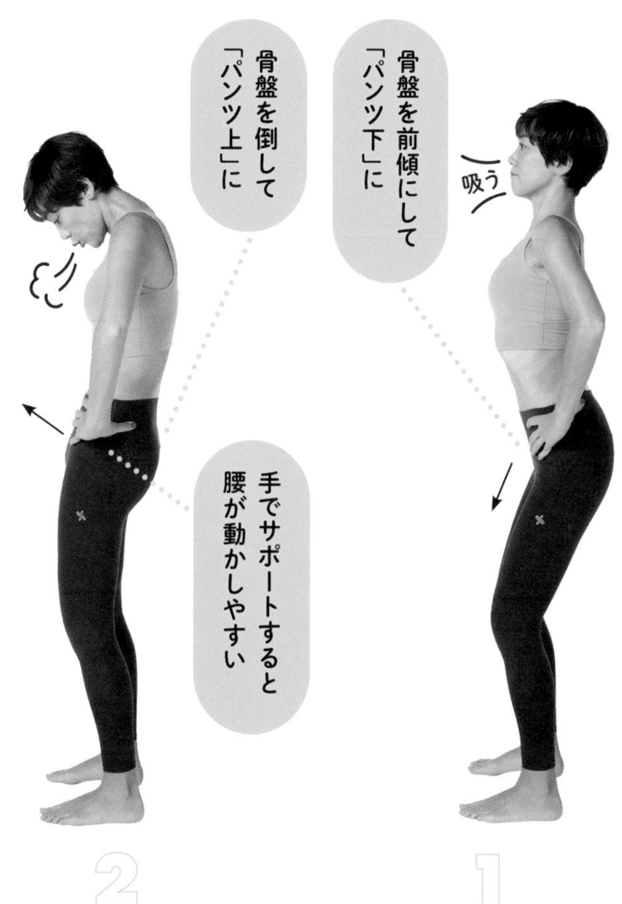

1

まっすぐに立ち、股関節とひざを軽く曲げて息を吸う。軽く「パンツ」を下に向ける。

2

息を吐きながら、お腹を引っ込めてゆっくりと腰を丸める。10回繰り返して1セット。

14 腹ペタばんざい

お腹ペタンコ、気分もリフレッシュ！

立って行う

寝て行う

座って行う

小指を手前にすると
腕が上がりやすい

お腹を引っ込めた
状態でスタート!

骨盤は
まっすぐキープ

1

足を軽く開いてまっすぐ立ち、お腹に力を入れる。

2

お腹に力を込めたまま、両腕を高く上げてばんざいする。

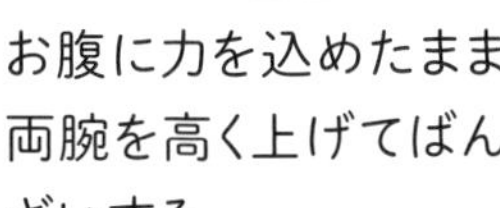

NG

腕を上げるのにつられて腰が反るのはダメ!

腰が反ると骨盤が傾き、お腹に効きません。「パンツ上」を意識!

15 腹筋もも上げ

体がぐらつかないようお腹に力を込めて

下腹たるみを引き上げ、理想のペタ腹に！

10回×2セット

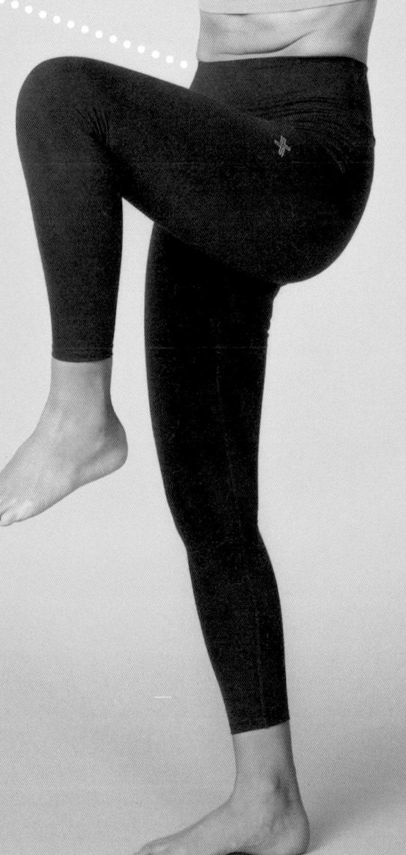

立って行う

寝て行う

座って行う

1

自然に立ち、胸を開いて手を頭の横へ。息を大きく吸い込む。

2

お腹を凹ませながら太ももを高く上げ、ひじとひざを近づける。左右交互に行って1回。10回で1セット。

16 みぞおちブラブラ

左右
10回ずつ
×2セット

みぞおちから長い脚が生えているイメージ！

体が伸びておしりもキュッと持ち上がる

大腰筋とは…
みぞおちの奥から脚につながっている筋肉。

1
おしりに力を入れて脚を引き上げる。

2
みぞおちを高くキープしたまま、脚を前後に振る。10回振って1セット。反対側も同様に。

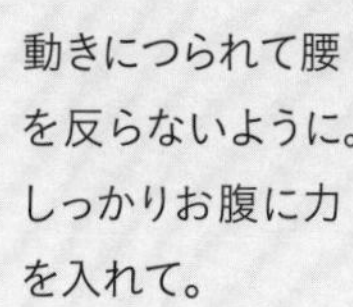

NG
腰を反らないように注意!

動きにつられて腰を反らないように。しっかりお腹に力を入れて。

不安定なときは壁に手をついて体を支えてもOK

17 そけい部つまぷる

皮をゆらして
カチコチ筋膜を
リリース

そけい部がほぐれると
反り腰がよくなり、
脚のむくみ取りにも◎

1

足を軽く開いてつけ根を曲げ、左側のそけい部をつまみ、場所を変えながら上下にゆらす。

2

やさしく引き上げながら体を伸ばす。右側も同様に行う。

腕　お腹

18

体をひねるストレッチ

左右10回ずつ

わき腹がキュッと締まりくびれを取り戻す

しっかりお腹に力を入れて

親指を内側にひねって
手のひらが前にくる

1

足を開いて自然に立ち、片手を腰に当てて上半身を軽くひねる。

手のひらは上向き
腕から外側にひねる

2

息を吐きながら体を回してひねる。同時に腕も外側に回す。10回繰り返したら、反対側も同様に。

胸・背中　お腹

19 お腹ねじねじ

前後の足を変えて
30秒ずつ

腕を振りながら
ウエストをぞうきんの
ようにしぼる！

お腹を凹ませて
ねじってほっそり
ウエストに！

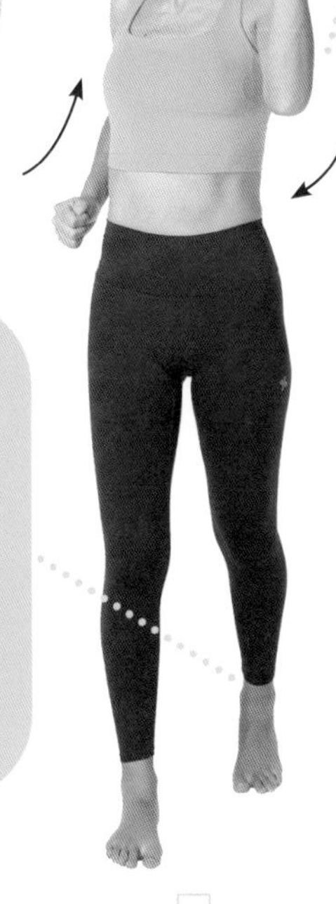

1

片側の足を後ろに引き、しっかりお腹を凹ませたままひじを90度に曲げて前後に大きく振る。

2

腕の振りに合わせて上半身をねじる。30秒続けたら、前後の足を入れ替えて同様に。

20

1分間ウォーク

全身の筋肉を使って
体ポカポカ、脂肪燃焼！

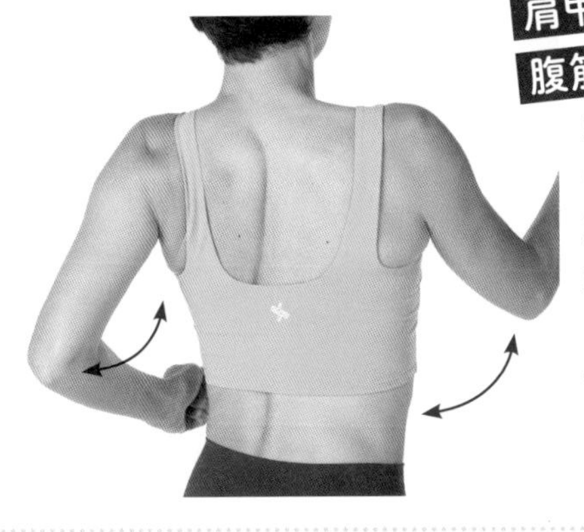

肩甲骨を後ろに引いて腹筋に効かせて

腕を大きく振るときは前よりも後ろに引くことを意識。肩甲骨を使って周辺の筋肉をよく動かして。お腹まわりの筋肉も連動して動くので、引き締め効果がアップ！

1時間の散歩より1分間、家の中で本気で歩く！

ポイントは「できるだけ脚を高く上げて腕を大きく振ること」。慌てなくても大丈夫！　ゆっくりと自分のペースでしっかり大きく動かしましょう。

疲れてくると上半身がふらふら〜とゆれちゃうと思います。そのときはもう一度お腹に力を入れて！　これがお腹ペタンコに効かせるポイントです。

注意してほしいのは肩を上げないこと。肩の力を抜いて、首を長くして背筋をシャン！と伸ばして。気をつけるところが少し多いですが、お腹に力がちゃんと入れば姿勢もまっすぐキープできます。1分がんばったら…、はい！　1時間ダラダラ歩くよりもずっと体がポカポカしてきましたね！

息が上がるくらいを目指して！ もちろん、クラクラしちゃったら途中で休憩してもOK

お腹

21 腰回し

左右回し
30秒ずつ

腕を上に伸ばせば伸ばすほど
みるみるお腹がペタンコに！

グーッとお腹を凹ませて
引き上げながら回す

1

足を軽く開いて手を上げ、手の指を合わせる。体を上にぎゅっと伸ばして、腰を回す。

2

足を固定したまま、腰を大きく回す。30秒続ける。反対回しも同様に。

22 ふくらはぎストレッチ

片足を後ろに1歩引いて両手で壁を押し、前足に重心をのせる。後ろ足が伸びるのを感じながら、30秒キープ。前後の足を入れ替えて同様に。体が安定するほど効果アップ。

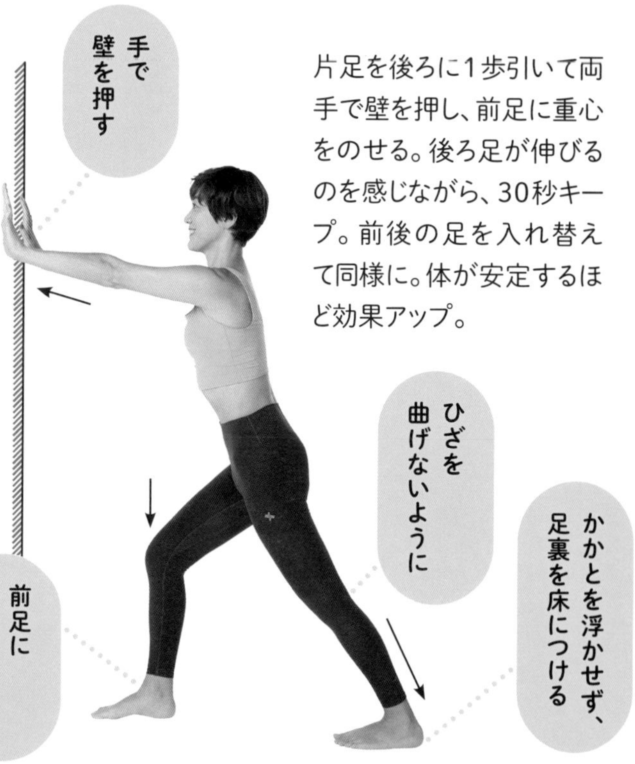

NG 後ろ足が外に向くと効き目が半減

後ろ足が外を向きやすいので注意。外を向くと一気に伸びが消えてしまいます。

23 前ももストレッチ

左右30秒ずつ

太ももからお腹まで体の前面がスッキリ!

そけい部までしっかり伸びるのを感じて

片足で立ち、上げたほうの足先をつかむ。かかとをおしりに近づけるようにして前ももを伸ばして30秒キープ。このとき、そけい部をまっすぐにして伸ばす。反対側も同様に。

腰を丸めて反らないように「パンツ上」を意識！

できる人はおしりにかかとをつけると効果がアップ！

骨盤の左右差を直し、反り腰も改善！

反り腰さんにおすすめの「前ももストレッチ」。前ももが張ると反り腰になりやすく、さらに太ももがパンパン、お腹もぽっこり…という悪循環に。

このストレッチで硬くなった前ももを伸ばして反り腰を改善、お腹もペタンコというういスパイラルに変えていきましょう。左右差も感じやすく、やりづらい脚はつまぶるも組み合わせてほぐすと、さらに効果的です。

内もも ストレッチ 24

腰を落とし、
肩を出してググッと
ひざを外に開く

老廃物が流れ、
むくみも疲れもオフ！
背中のコリ改善にも

左右
30秒ずつ

1

足を大きく開き、腰を落として手で内ももを外へ押す。

腰をグッと落として

つま先を外に向ける

2

肩を前に出して内ももをさらに押して伸ばし、背中側が伸びるのも感じて30秒キープ。反対側も同様に。

肩をグッと入れてさらに効かせる

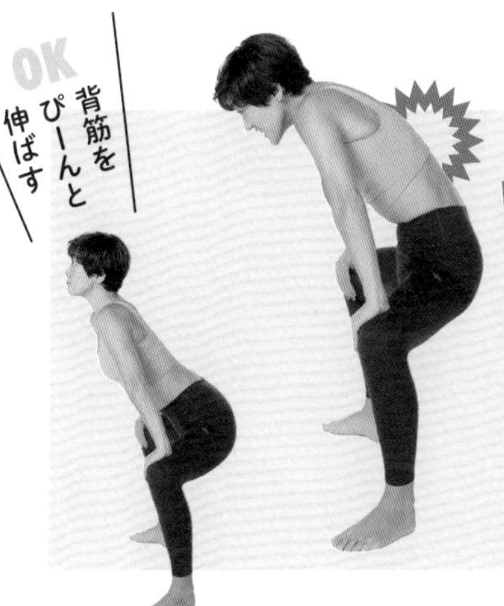

NG

おしりが下に向いて背中が丸くなるとダメ

背中が丸まると内ももが全然伸びないので気をつけて！おしりをキュッと突き出すようにすると、背筋がきれいに伸びます！

25 おしりスクワット

10回 ×2セット

上に伸びるスクワットだから簡単

おしりにキュッと効かせて美尻を目指そう

2

体を上に伸ばしておしりにクッと力を入れる。10回繰り返して1セット。

1

足を開いてひざを軽く曲げ、股関節を曲げる。

26 バレエスクワット

ギューッと
伸びれば伸びるほど◎！

お腹も脚も引き締まり、
気分もリフレッシュ！

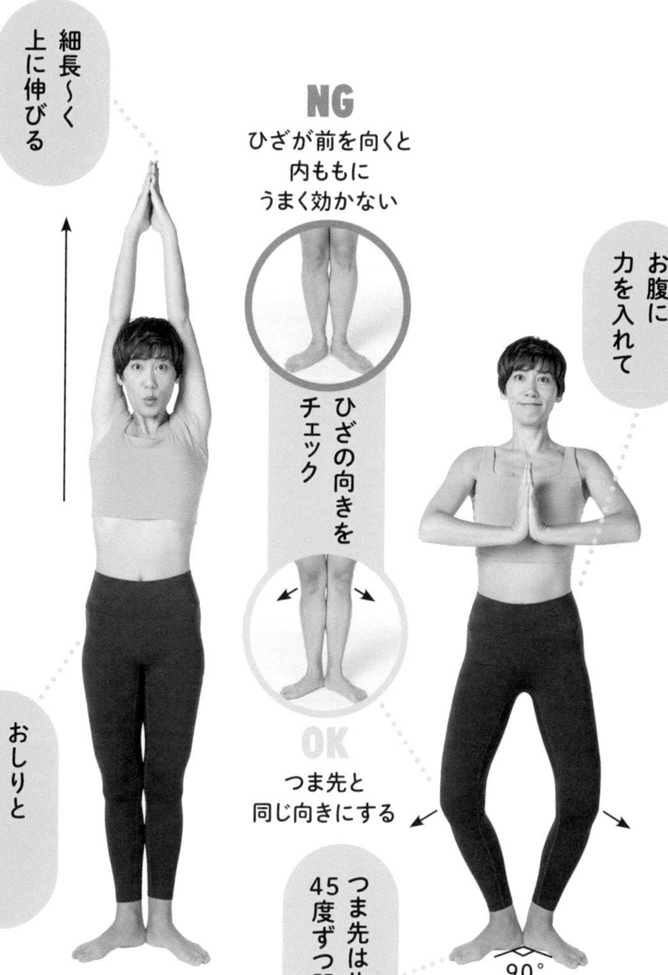

手を上げて内ももを締めながら、体を上へ上へ伸ばして5秒キープ。

つま先を開いて立ち、ひざを曲げて脚をパカッと開く。

27 胸はがしストレッチ

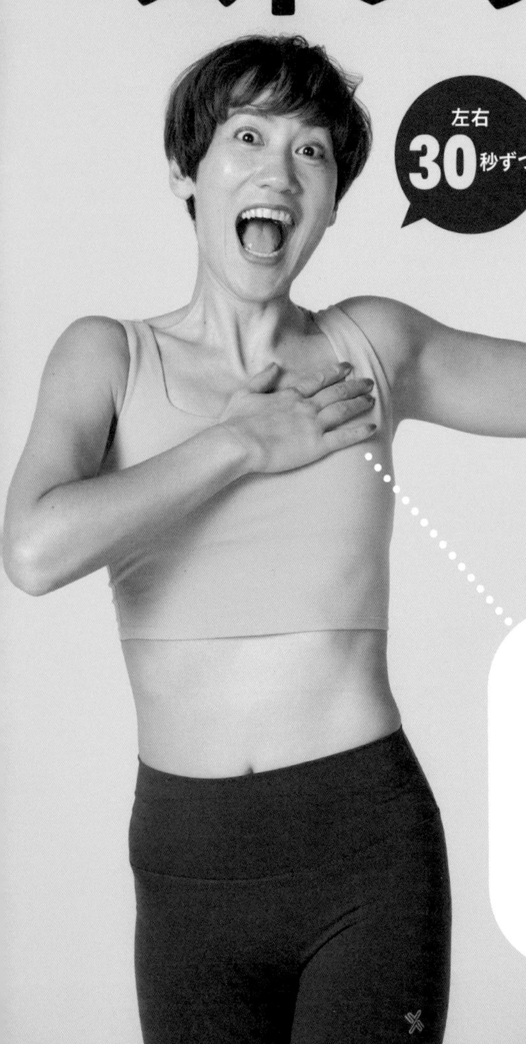

前に出したまま
固まってしまった肩を
正しい位置に戻す

呼吸しやすくなり
気分も上がる！

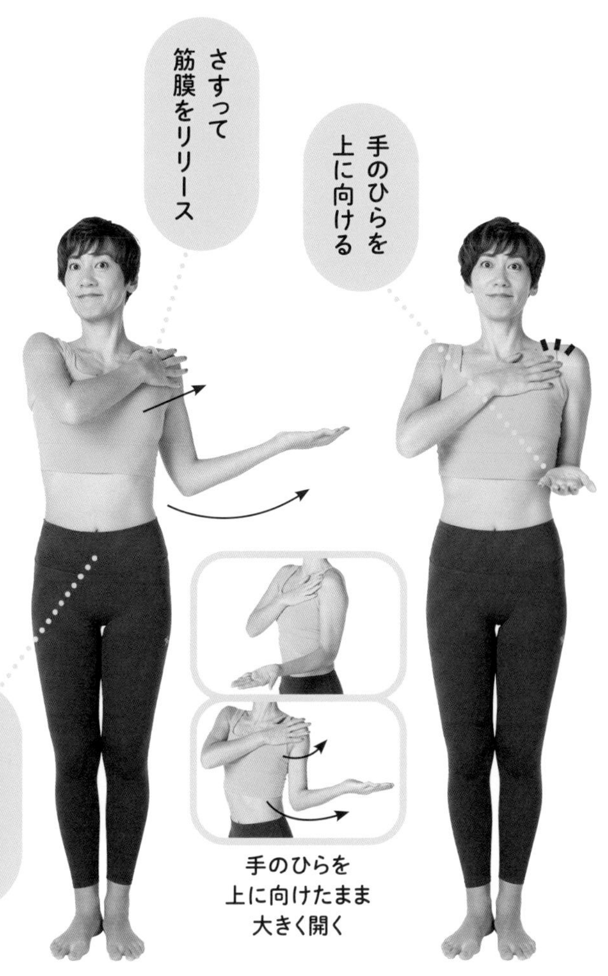

1

かかとをつけて自然に立ち、左ひじを曲げて、右手を左胸に当てる。

2

胸をさすりながら、左腕を後ろに回して胸を開く。30秒間繰り返す。反対側も同様に。

28 胸つまぷる

背中のコリには
胸をゆるめる！
後ろ姿も美しく

肩を前に出して
お肉をしっかり集めて

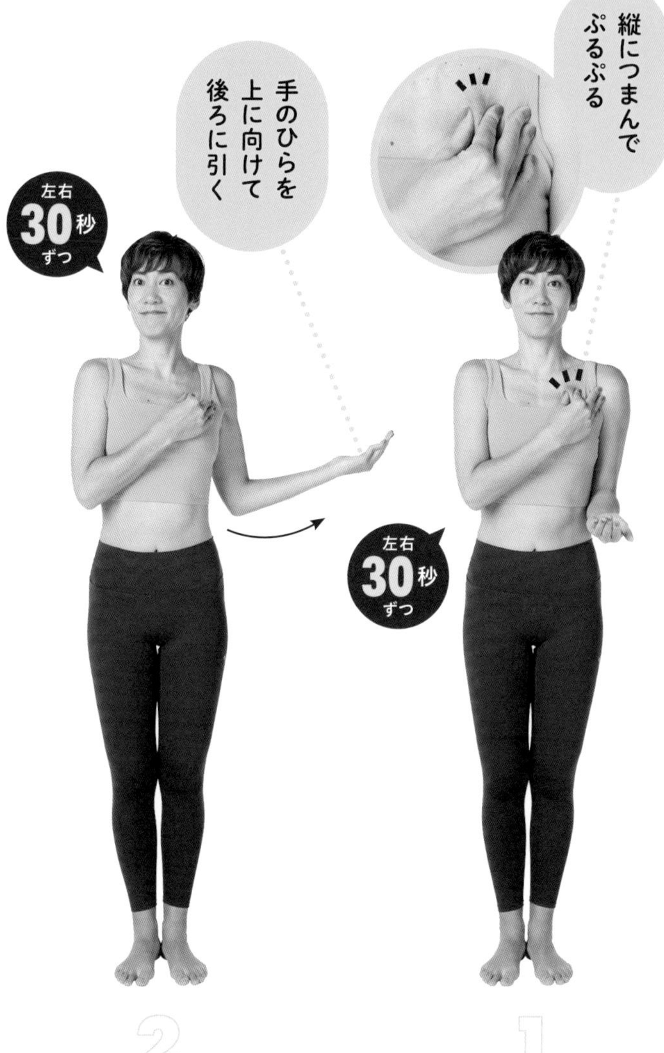

1

左ひじを曲げて、右手で左側の胸の上を縦につまむ。場所を変えながら左右にぷるぷるゆらす。

2

左腕を回して胸を広げる。やさしくつまんだお肉はすぐとれてしまってOK。反対側も同様に。

コリやすい
鎖骨まわりを
じっくり伸ば～す

首コリ改善！
きれいな
デコルテを叶えて

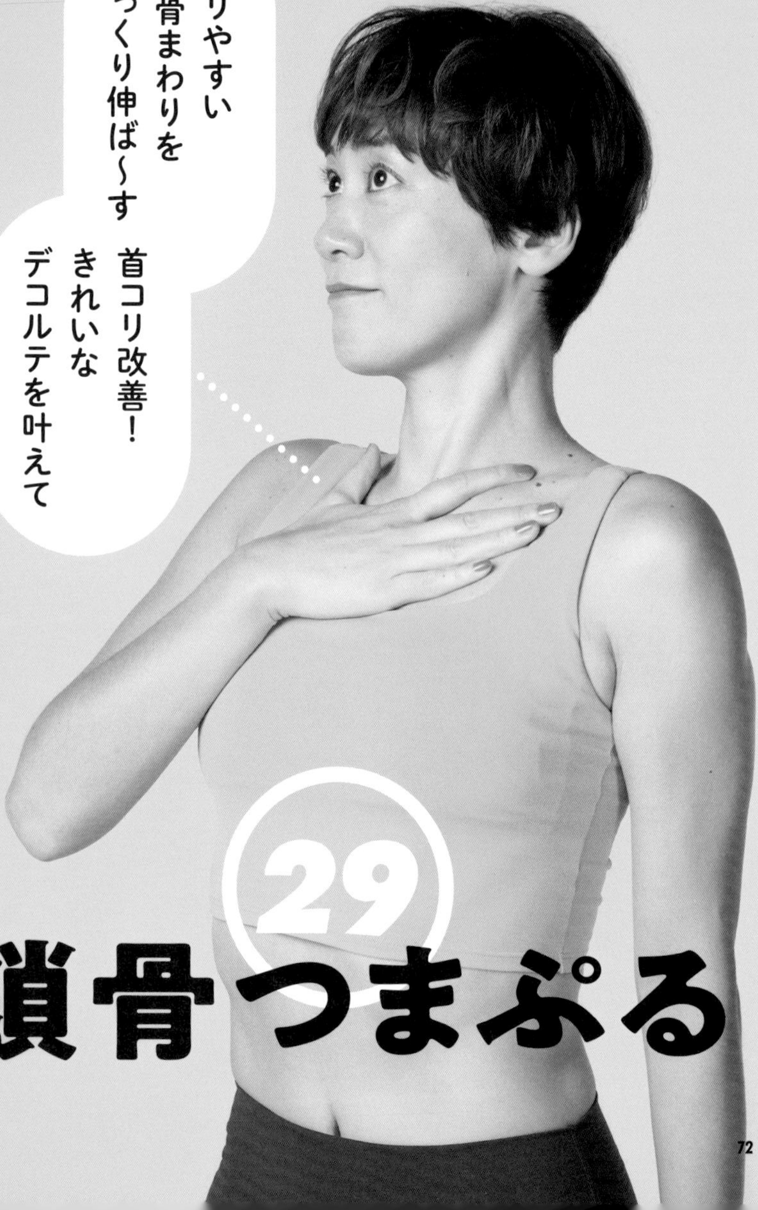

29 鎖骨つまぷる

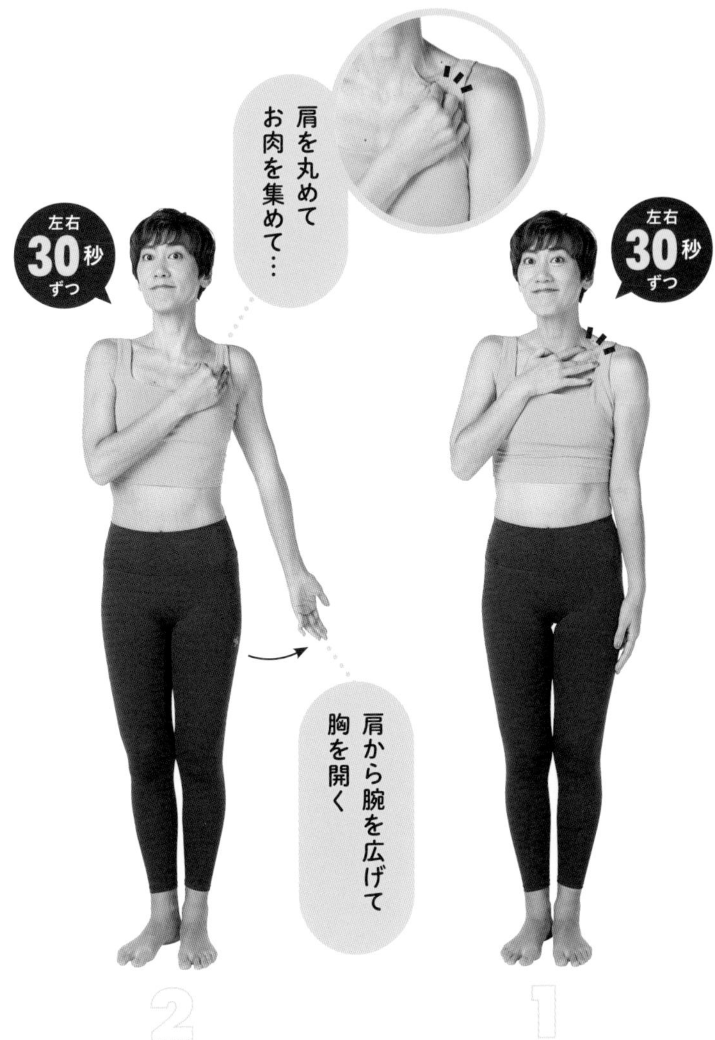

左肩を前に出して鎖骨のまわりをつまんで左腕を広げて伸ばす。そのときお肉はすぐとれてもOK。右側も同様に行う。

左側の鎖骨を指で挟んでゆらし、ほぐす。鎖骨に沿って徐々に外へ進む。

30 肩甲骨寄せストレッチ

憧れの美しい後ろ姿に！
くびれも出てくる

10秒
×3回

背中の丸さは胸が原因！
胸をぐいーんと開いて

1

足を軽く開き、手を後ろで組む。

2

肩を回して開き、肩甲骨をまん中に寄せる。

肩を開くことで肩甲骨にしっかり効く！

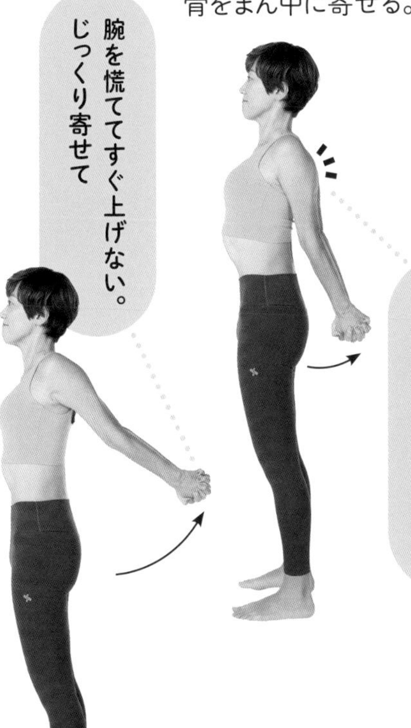

腕を慌ててすぐ上げない。じっくり寄せて

3

肩が開いた状態を保ったまま、腕を上げて肩甲骨を寄せる。10秒キープ。

NG

急いで腕を上げると肩が前に出ちゃう！

肩甲骨を寄せることが大事なポイント。背筋を伸ばして慌てずに！

31

胸・背中　頭・首・肩

胸を開くストレッチ

10回 ×3セット

手首から首もとまでピーン！
グーを外に向けるのが秘訣

体の前面も背面も
しぶといコリをリセット！

1

手をグーにして親指をしまい、両腕を前に伸ばす。

2

グーを外側に向ける。

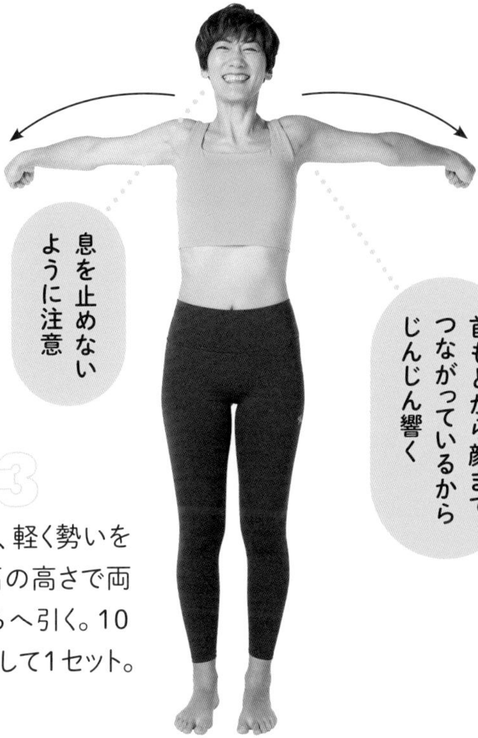

首もとから顔まで
つながっているから
じんじん響く

息を止めない
ように注意

3

そのまま、軽く勢いをつけて肩の高さで両腕を後ろへ引く。10回繰り返して1セット。

胸・背中

32

肩甲骨深部ストレッチ

10回
×3セット

肩甲骨を正しい位置に戻して肩コリ、背中コリの対策に！

ひじをつけることで肩甲骨の奥深くに効かせる

1

わきを閉めてひじを直角に曲げ、手のひらを上に向けて前に出す。

2

ひじを体の横につけたまま、腕をできるところまで外側へ開く。10回繰り返して1セット。

33 広背筋つまぷる

左右10回ずつ

背中のポニョ肉がなくなって後ろ姿が若返り！

リズミカルにしぇーい！と伸ばして

肩甲骨が固まるとこんなに怖い！

パソコンやスマホなどの使いすぎで猫背の状態が続くと、肩甲骨が固まってガチガチに…。するといろいろなところに影響が出てきます。代謝が下がる、胸が下がる、下腹ぽっこり、さらに二の腕のポニョ肉まで！　肩甲骨がしっかり動くということはやせるために必須で、それには「広背筋つまぷる」がおすすめ。胸や背中のストレッチの前に行うとさらに効果がアップします。

1

体を左側に傾けて背中のお肉を集め、つまんでゆらす。

広背筋とは…
わきの下から腰のほうに広がる逆三角形の筋肉。

2

左腕を前に勢いよく持ち上げ、わきの下から背中を伸ばす。10回繰り返す。指からお肉はとれてしまってOK。右側も同様に。

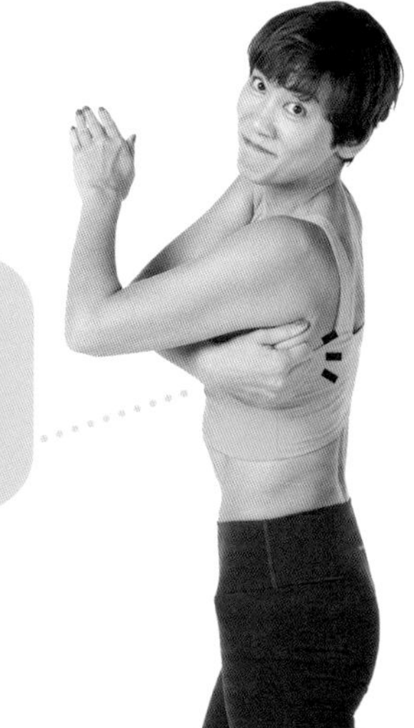

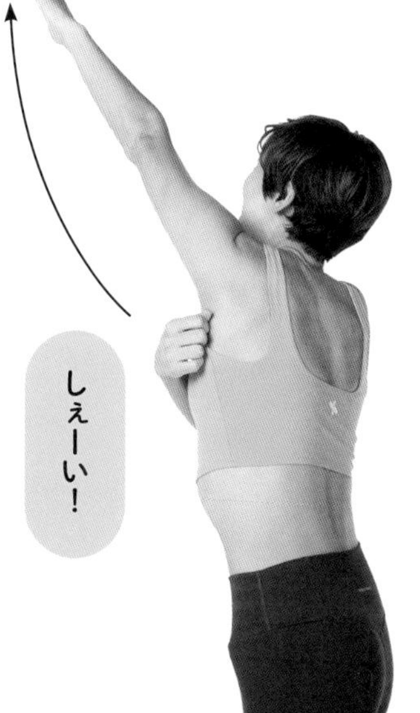

立って行う
寝て行う
座って行う

胸・背中

34

広背筋ストレッチ

左右30秒ずつ

ガチガチ背中が軽くなって腰痛改善!

大きい筋肉をじっくり伸ばして深呼吸

足を開いて立ち、左腕を右脚の前に伸ばしながら、腰を後ろに引いて左側の背中を伸ばす。30秒キープ。反対側も同様に。

小指を上にして手首を持つ

OK
お腹を凹ませて「パンツ上」をキープ

NG
腰が反って「パンツ下」になるのはダメ!

反り腰になってうまく広背筋が伸びないばかりか、腰を痛めてしまう可能性も!「パンツ上」をキープして、背中を気持ちよく伸ばします。

35 二の腕つまぷる

二の腕のポニョ肉よ、さようなら〜

意外とコリ固まっている腕を柔らかくほぐして

2

つまんだままひじを曲げ、腕を上げて二の腕を伸ばす。お肉は手からとれてOK。右側も同様に行う。

1

左腕を前に伸ばし、二の腕のお肉をつまんで、場所を変えながらぷるぷるとゆらす。

腕　胸・背中

36 わきつまぷる

ちょっと痛いけど
がんばってゆらして

ブラジャーの上に乗る
ハミ肉を撃退！

2

体を右に倒しながら左ひじを上げる。お肉がなくなるまでわきを伸ばす。指は外れてOK。反対側も同様に。

1

左側のわきの下のお肉を集めてつまみ、場所を変えながらぷるぷるとゆらす。

左右
30秒ずつ

37

二の腕とわきのストレッチ

わきも伸ばすことで
ほっそり二の腕の効果倍増！

腰を反らさないよう
注意して
気持ちよく伸ばす

立って行う
寝て行う
座って行う

1

左のひじを曲げて腕を上げ、右手で後ろに引いて二の腕を伸ばす。

2

体を右に倒し、左のわきを伸ばして30秒キープ。反対側も同様に。

38 二の腕シャキーン

10回
×2セット

背中をピンと保ったまま二の腕をシャキーン

ちょっと疲れるけど引き締め効果抜群！

1

肩幅に足を開き、ひざと股関節を軽く曲げる。ひじを曲げてわきをしめる。

2

ひじを固定し、背中をピーンとしたまま、腕を後ろに伸ばす。10回で1セット。

39 肩の後ろのストレッチ

左右30秒ずつ

呼吸を止めずリラックスしながら

肩や腕の可動域を広げて二の腕をシェイプ！

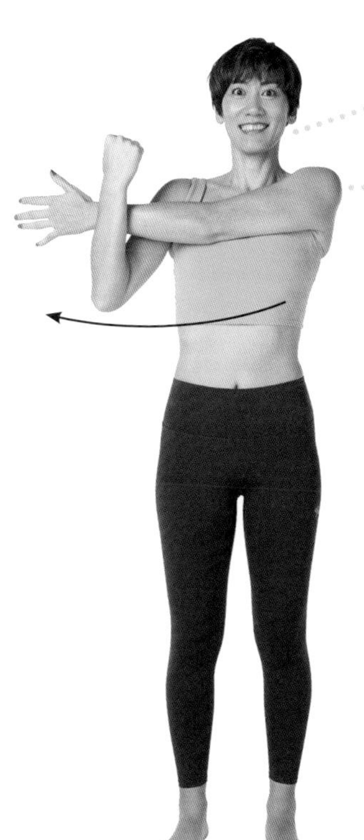

左腕を伸ばし、右腕で左のひじを胸に引き寄せ、肩から背中を伸ばす。30秒キープ。反対側も同様に。

NG 肩が上がりやすいので注意!

ストレッチというとこの動作を思い浮かべる人も多いのでは? 張り切って力が入ると肩が上がってしまいがち。体が思ったほど伸びてない…ということに。

腕　胸・背中

40 肩甲骨ぐるぐる回し

10回 ×2セット

肩まわりの柔らかさを取り戻す！

ひじで大きな円を描くように肩甲骨を動かす

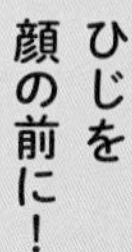

1

自然に立ち、両手を肩に当ててひじを顔の前へ。

ひじを
頭の上に！

2

ひじで大きく円を描くようにして腕を上げる。

耳より後ろに
ひじを通して！

3

耳より後ろでひじを回し、元の姿勢に戻る。10回転で1セット。

41 首肩つまぷる

首肩を深く ぐいぐい 押すのはダメ！

つい強く押したくなる首と肩。でも絶対ダメです。かえって痛みが出る人も少なくないんです。表面の皮をやさしくつまんでぷるぷる。筋膜のひきつれをはがしてあげましょう。それだけでいいの？と思ったら、まずは片側で試してみて。突っ張るところを探して集中的にぷるぷる。反対側とコリを比べると、ほら、全然違う！　軽くなっているのがわかります。

36（P.86）のわきつまぷるとセットで行うとさらに効きます！

1

左肩のお肉をつまんでぷるぷるとゆらす。首筋〜肩先まで場所を変えながら。

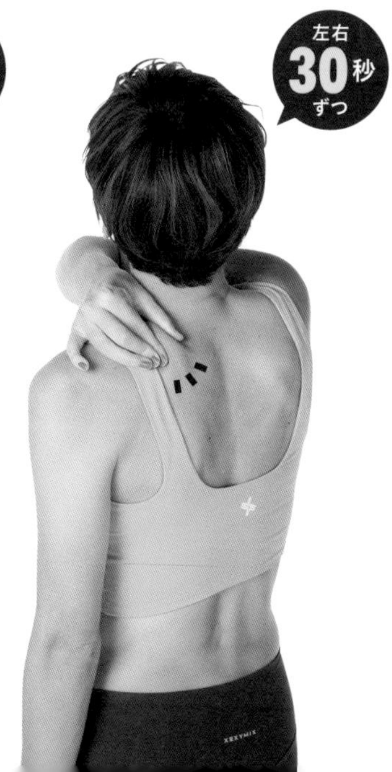

2

首筋〜肩を伸ばすように頭を右側に倒す。つまんでいた指は離れてOK。反対側も同様に。

左右
30秒ずつ

背筋をスッと伸ばして首を長く保つ

がんこな首コリ、肩コリが秒で軽くなる!

42
首肩ストレッチ

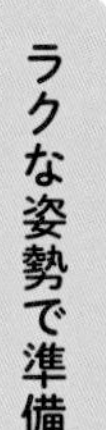

1

右手を頭の左側に添える。

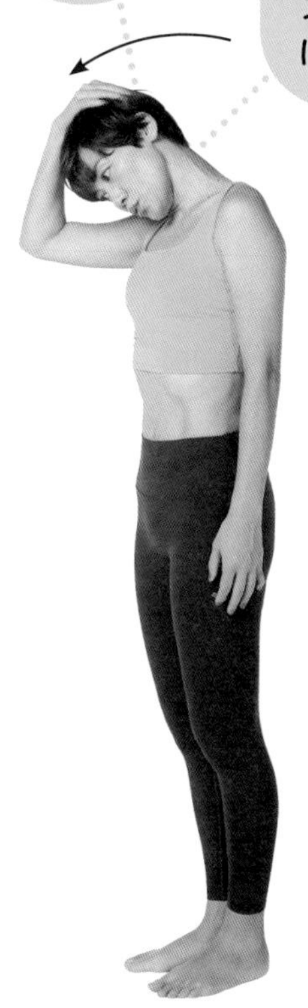

2

息を吐きながら、右側へ頭を倒して30秒キープ。反対側も同様に。

左右 5回ずつ ×2セット

肩を下げるときはとろんと脱力〜

岩のような肩コリも自分でほぐせる!

43 肩上げ下げ

立って行う

寝て行う

座って行う

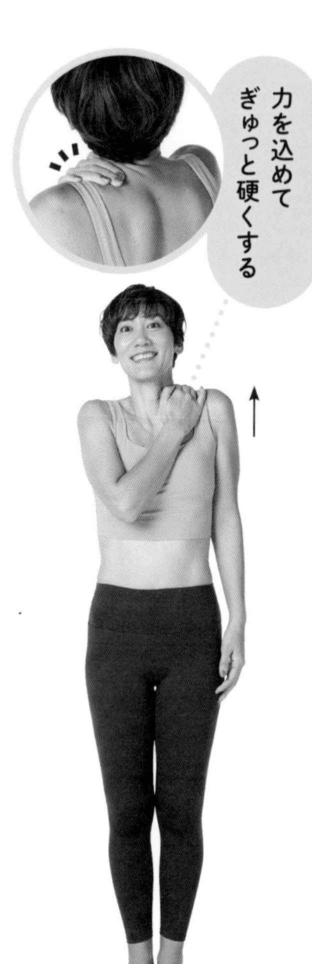

1

コリを感じる部分を軽く押して左肩をグイッと上げる。

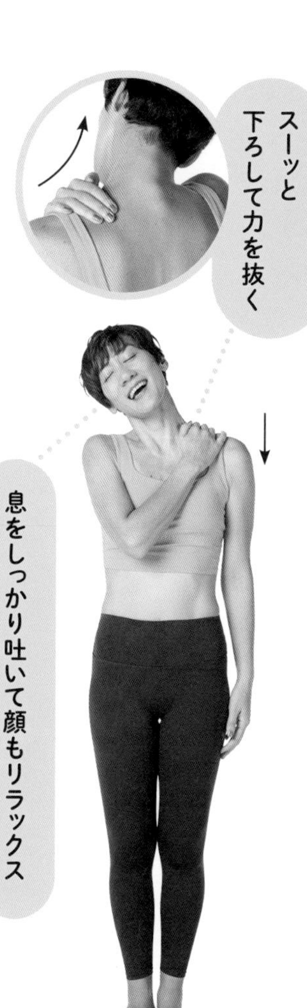

2

手を当てたまま、肩をできるだけ下に下ろし、頭を軽く右に倒して左の首肩を伸ばす。5回上げ下げして1セット。反対側も同様に。

巻き肩や猫背改善、
小顔にも効く美の筋肉！

ゆっくりやさしく
つまんで頭を倒す

つねらない！

44 胸鎖乳突筋つまぷる

立って行う
寝て行う
座って行う

1

右側の胸鎖乳突筋に沿って上の皮をつまみ、場所をずらしながらゆらす。

縦につまんでぷるぷる

2

頭を右へ傾けてつまみ、逆側へ倒して伸ばす。左側も同様に。

横につまんで…

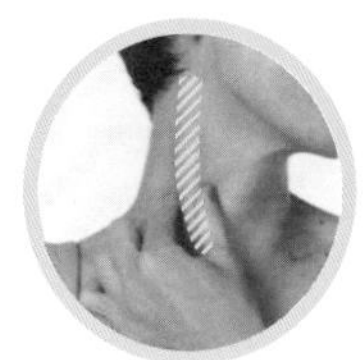

胸鎖乳突筋とは…

耳の後ろから鎖骨につながる筋肉。スマホやPC作業でガチガチになりやすい。

あごを上げるとしっかり伸びる!

あごをしっかり上げて
前側を伸ばす
スッと伸びた首もとで
即効細見え！
肩もラクに

左右
30秒ずつ

45
胸鎖乳突筋ストレッチ

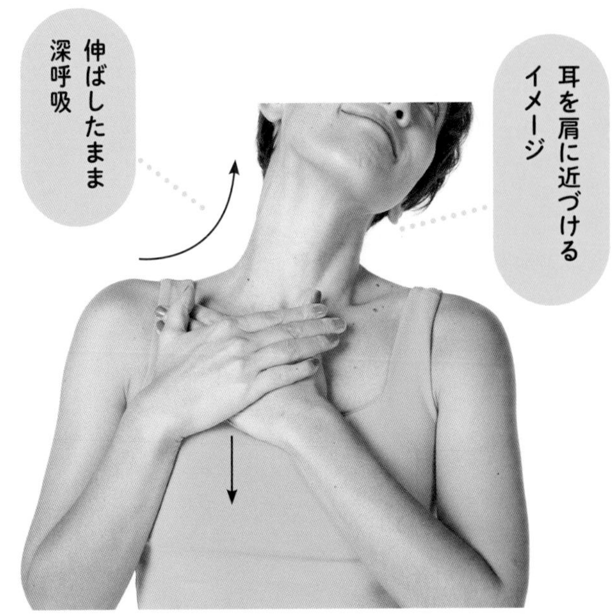

手で右側の鎖骨の下を押さえて軽く下げながら首を左へ倒す。そのままあごを天井の方に向けて、手とあごの距離を離す。反対側も同様に。

胸鎖乳突筋をほぐせばストレス解消にも！

あごを上げて首の前側を伸ばす「胸鎖乳突筋ストレッチ」。30秒ずつ行うと首がスッと伸びるのを感じるはず。ここが伸びるとそれだけでやせて見えるし、上を向く動作で気分も前向きに。空気を気持ちよく体に取り入れるように呼吸してみましょう！

朝にやるのがおすすめ。「やせた？」と聞かれちゃうかも！

顔のリフトアップ効果で
5歳若返る！

頭スッキリ
目もパッチリ

リフレッシュ
効果も満点！

46 側頭筋ほぐし

立って行う
寝て行う
座って行う

1

手のひらで軽く圧をかけながら、頭皮ごと回す。

円を描くように
ぐるぐる刺激

2

指先で頭皮をつまむ。場所を変えながら。

つまめる人
だけでOK！

側頭筋とは…
頭の側面にある筋肉で、ストレスとも大きく関係する。

髪や頭皮の健康にも効果的！

頭の筋肉が固くなると頭皮の血行がダウン。必要な栄養や酸素が届きにくくなり、髪の老化が進行してしまいます。この「側頭筋ほぐし」は髪や頭皮の健康にも最適なストレッチ。つまむのが難しい人は1番だけでもOK。リラックス効果があり、気分もスッキリ！

フーッと声を出して力を抜きながらつまんで

よく眠れてやせやすくなる！

体ポカポカポカ

47 耳つまみ＆耳ぎょうざ

耳つまみ

耳の中央の硬いところを縦につまむ。つまんだままやさしく後ろに回す。

軟骨の硬いところをやさしくつぶす

耳ぎょうざ

耳をパタンと閉じて、後ろから手をすべらせる。これを30秒間繰り返す。

耳でぎょうざを作って

耳コリをとって血行促進。睡眠の質も上がる！

プレ更年期、更年期、アフター更年期。あらゆる年代の女性に多い悩みが「睡眠」です。疲れているのに眠れない、寝たのに疲れがとれないという人に試してほしいのが耳のコリはがし。耳のまわりの筋膜リリースをするだけで、全身の血行がアップします。心地よくゆるんでぐっすり眠れて、やせやすくもなる！簡単なのに一石二鳥という、女性にうれしいストレッチなんです。

笑顔をキープしながら心もほぐして

耳まわりが巡ると首も顔もスッキリ軽くなる！

48 耳引っ張り&耳回し

耳引っ張り

耳を持って外に引っ張る。引っ張りながらあごを動かす。

やさしく引っ張りながら
口を開けたり
閉じたりを繰り返す

耳回し

人さし指と中指で耳を挟んで耳ごと回す。

顔をリフトアップ
したい人は
顔ごと引き上げて

顔のリフトアップにも効果絶大

耳の前のあごの筋肉を一緒に動かす「耳引っ張り」は、フェイスラインのもたつきをなくし、顔の印象も引き締めてくれる効果があります。さらに「耳回し」で耳と一緒に顔ごと上に持ち上げて回すと、リフトアップ効果が倍増。血流もよくなり、気分もほぐれて前向きに。

立ち姿勢は
全部で48個。
1日1個、
続けましょう♪

49 お腹ドームならし

寝ながらバージョンは寝る前や起床後すぐにやってもOK

便秘解消にも効果あり!

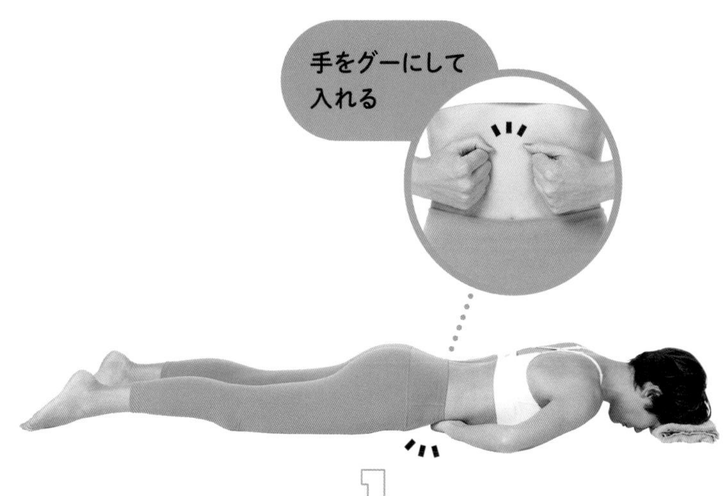

1

手をグーにしてお腹に当てる。

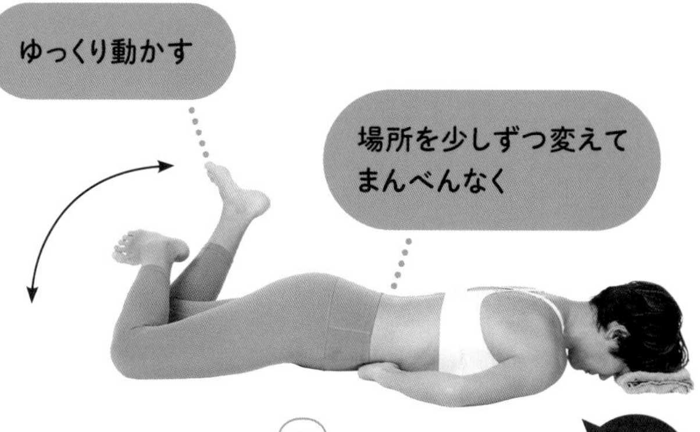

2

1分

手をお腹に当てたままひざを曲げ、左右交互に倒して体をゆらしお腹を刺激する。みぞおちから骨盤まで3カ所くらい場所を変えてお腹全体をほぐす。

50

みぞおち
つまぷる

特に硬いところを
重点的に
ぷるぷるぷるぷる

お腹が
柔らかくなって
ペッタンコに！

1

1分

ひざを立てて、みぞおちのお肉をできるだけ集めて上下に大きくぷるぷるゆらす。

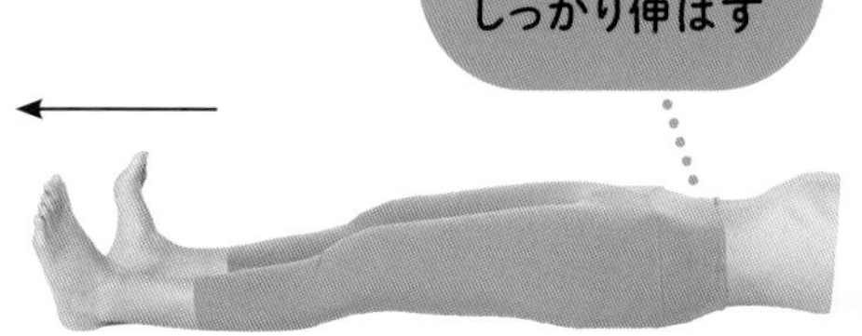

2

30秒

手と足を伸ばしてばんざい。深呼吸して30秒キープ。

ぷるぷる動かすのが
難しい場合は
つまむだけでもOK

51 クロスつまぷる

分厚いへそ肉を場所を変えながらほぐす
筋膜のコリをはがしてぽっこりを改善

1分

寝ながらバージョンでは
つまんで伸ばす（P.21）の
「伸ばす」は省略してもOK

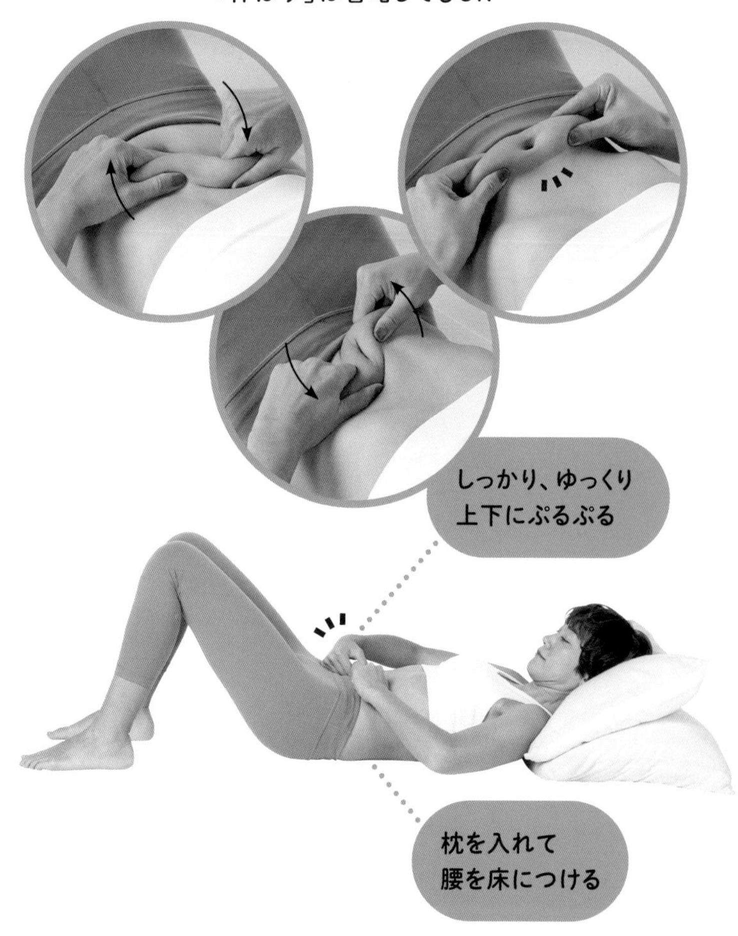

おへその周りのお肉をできるだけ集めて、上下にクロスさせてゆらす。つまむ場所を変えながら1分行う。

52 下腹つまぷる

立って行う
寝て行う
座って行う

1

左側の下腹をつまみ、場所を変えながらゆらす。

2

つまんでいる側の脚をゆっくりと伸ばしながら、お肉をやさしく引き上げる。下腹の伸びを感じながら深呼吸。右側も同様に。

53

お腹のストレッチ

朝、起き上がる前にぜひ！
ぐいーんと気持ちよく伸ばす

朝これで
やせスイッチが起動する

30秒

朝におすすめ！「おはよう」ストレッチ

1日1個のストレッチを目標に！と100個のストレッチを紹介していますが、この「お腹のストレッチ」は毎朝やってほしいくらい簡単です。

朝、起き上がる前にベッドの上でそのままこのポーズを。両腕、両脚をできるだけ遠くへ伸ばします。つま先を伸ばすと脚がつりやすいので、かかとを押し出すということだけ気をつけて。体がグンと伸びて、1日を気持ちよくはじめられます。

わき腹を
しっかり伸ばす

かかとをまっすぐ
押し出す

フーッと吐き出して
深呼吸

両腕、両脚を同時に伸ばす。深呼吸しながら30秒キープ。

1日元気に過ごせる
ハッピーストレッチです！

54 ウエストひねり

ひねる動きでお腹を刺激。
腰痛予防、便秘解消にも！

手と足を反対方向に
引っ張り合うように

左右
30秒ずつ

立って行う
寝て行う
座って行う

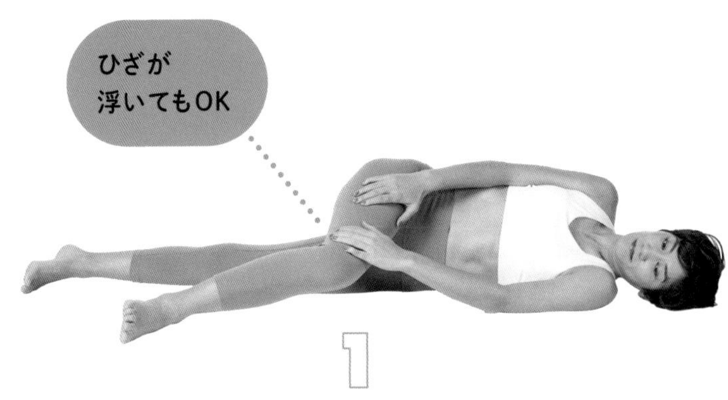

1

右脚のひざを曲げて左側に倒す。左手で軽く押さえる。

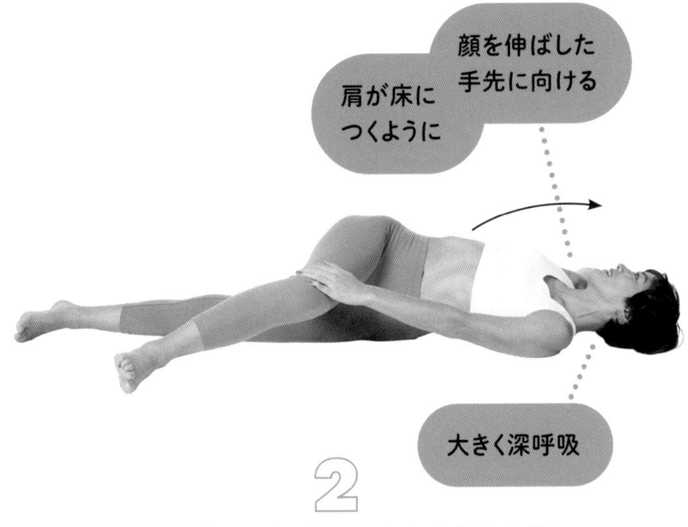

2

左手で右ひざを押さえたまま右胸を開いて、右手を遠くに伸ばしウエストをひねる。30秒キープ。反対側も同様に。

55

骨盤ストレッチ

息をフーッと吐きながらリズミカルに

30秒

腹ペタ効果、反り腰改善に期待大！

骨盤が整うことであらゆるプチ不調も改善

やせたいならやみくもに運動するよりも、つまぷるやストレッチで体にアプローチするほうが効果的。中でもこの体操は女性に大切な骨盤を整えていきます。

骨盤が整うといいことがたくさん。反り腰や猫背が直って腰痛や背中のコリが改善、それにより呼吸が深まると全身のこわばりもほぐれて睡眠の質もアップ、やせ体質になる。まさにいいことずくめのストレッチです！

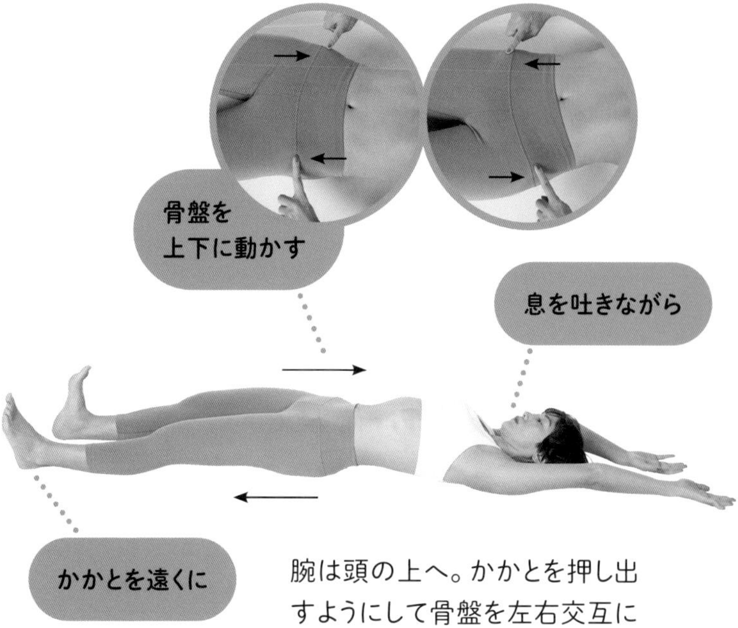

骨盤を上下に動かす

息を吐きながら

かかとを遠くに

腕は頭の上へ。かかとを押し出すようにして骨盤を左右交互に上下に動かす。

56 下腹トントン

下腹にクッと
力を入れて
たるんだ下腹を
キュッと引き上げる

10呼吸
×2セット

1

腰が浮かないようにしてあおむけになる。

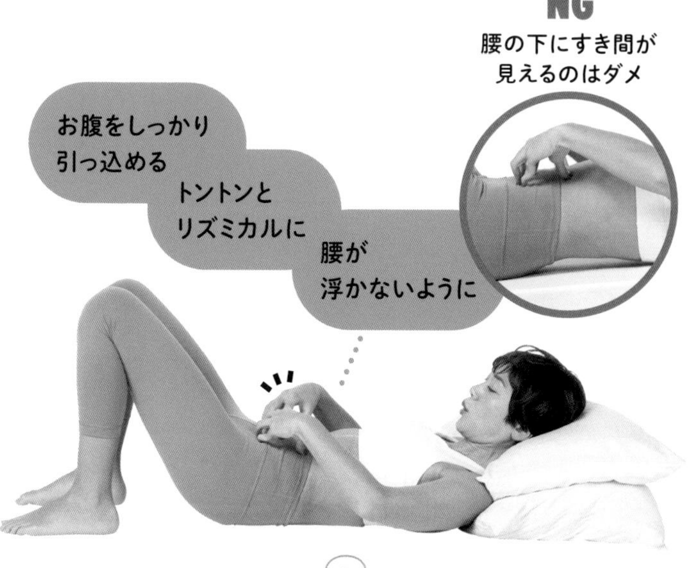

2

息を吐きながらお腹を凹ませて硬くする。
指でトントンして硬さをチェック。

57 骨盤コントロール

骨盤をコントロールできることがやせ体質への第一歩！

足で踏ん張らずお腹の力で動かす

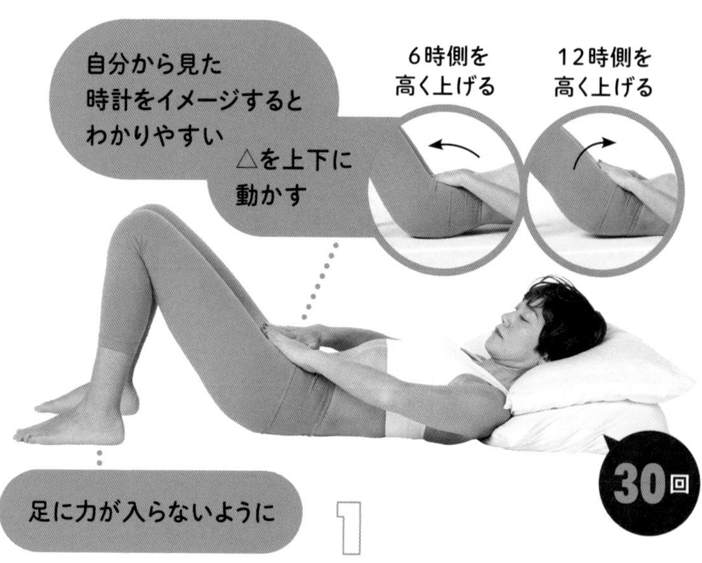

1

腰骨と恥骨を触り、手で△を作る。△を自分の方に向ける(パンツ上・12時)、奥に向ける(パンツ下・6時)を繰り返す。

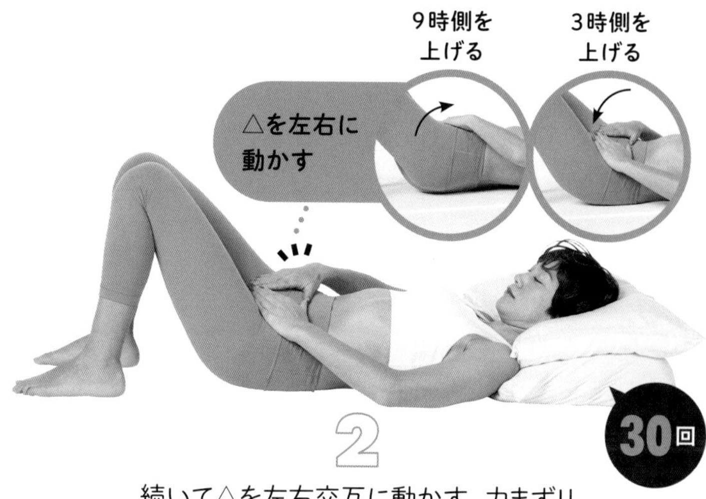

2

続いて△を左右交互に動かす。力まずリラックスして練習しよう。

58 脚上げ

1

ひざを立ててお腹を凹ませ硬くする。

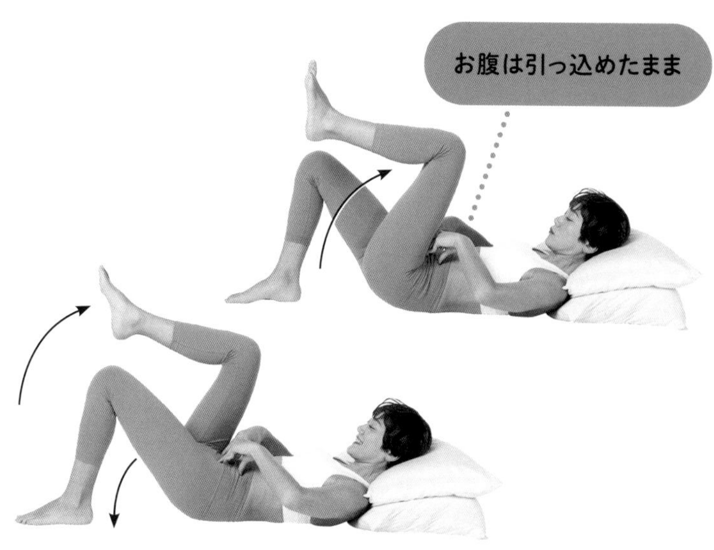

2

片脚を上げてひざを胸に引き寄せる。お腹を触って硬くなっているかチェックしながら、左右交互に繰り返す。

59 骨盤ワイパー

左右にぶらんぶらん。
倒せるところまででOK

カチコチお腹がほぐれて
くびれも出現!

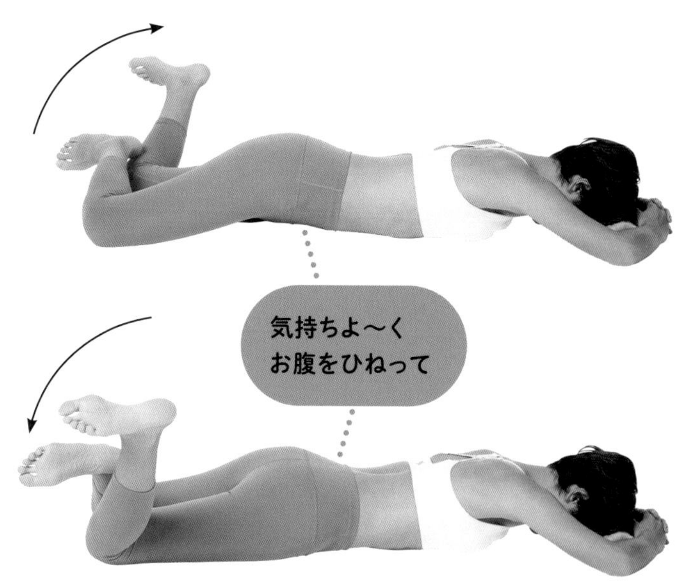

ひざを曲げて上体をキープしたまま、脚を倒す。左右交互に往復して1回とし、15回。

股関節の柔らかさをチェック

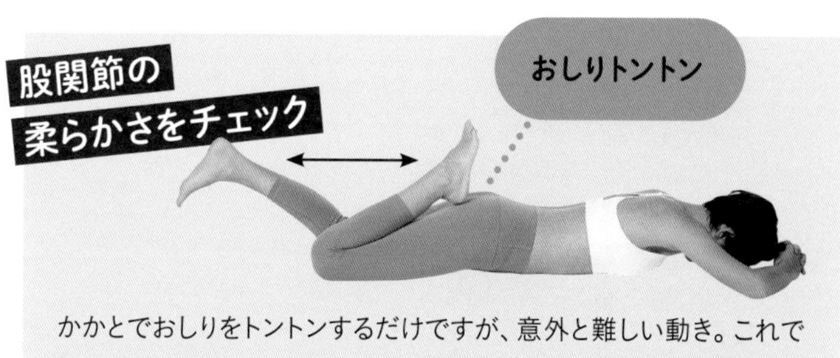

かかとでおしりをトントンするだけですが、意外と難しい動き。これで股関節の柔軟性を確認してから「骨盤ワイパー」を行い、最後にまたチェック。最初よりトントンできていればほぐれた証拠です！

60 わき腹つまぷる

寝たままのつまぷるで気持ちよくほぐす
手ごわい腰の浮き輪肉にアプローチ!

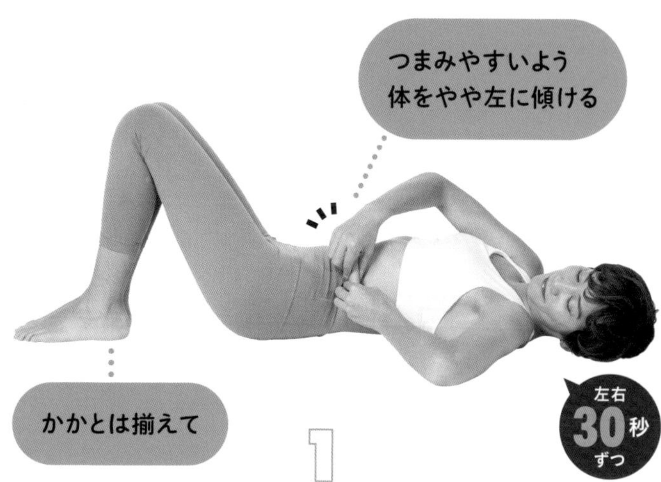

1

左のわき腹のお肉を集めてつまみ、少しずつ場所を変えながらゆらす。

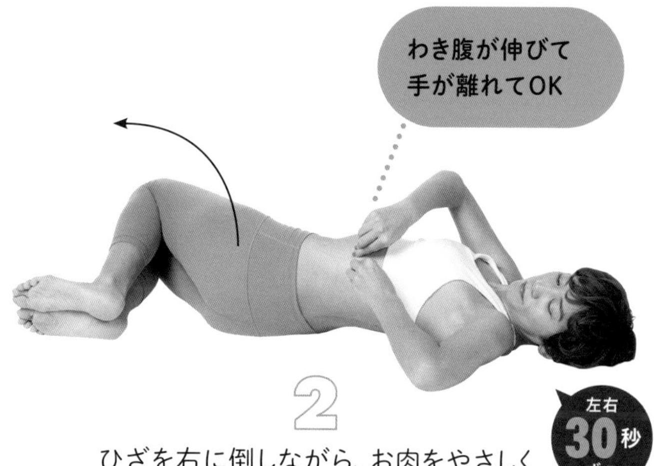

2

ひざを右に倒しながら、お肉をやさしく引き上げる。少しずつ場所を変えながら。右側も同様に。

61 わき腹ストレッチ

左右の硬いほうをチェックしながら伸ばす

わき腹が伸びて立ち姿勢も美しくなる

15回

1

足を揃え、ひざを立てる。

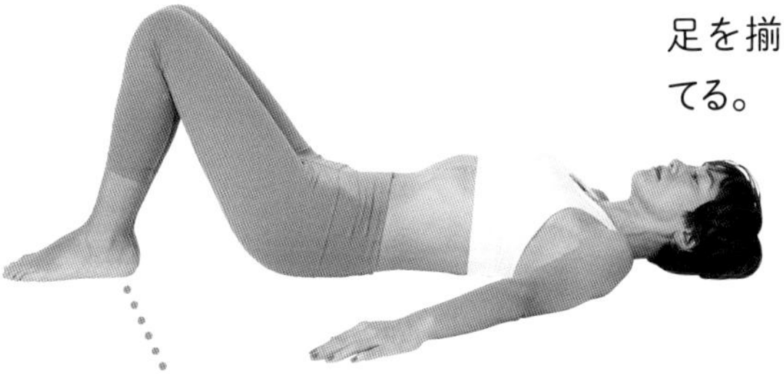
かかとを揃える

2

ひざを揃えたまま、倒してわき腹を伸ばす。左右交互に往復して1回とし、15回。

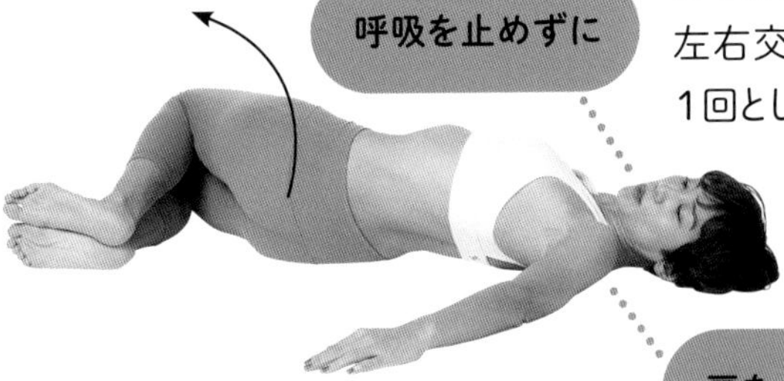
呼吸を止めずに
肩をつけたまま

NG

ひざを床につけようとして、肩やひざが離れないように気をつけて。

肩が浮きやすいので注意

ひざが離れないように

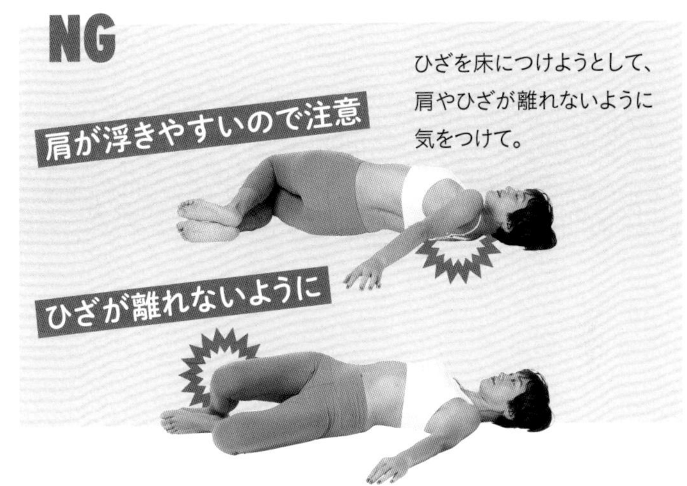

62 体の前側のストレッチ

おしりでしっかりと脚を持ち上げる

お腹まわりスッキリ
姿勢も整い
気持ちもリフレッシュ！

左右30秒ずつ

足を軽く開く

うつぶせになり、腕を伸ばす。

手をできるだけ
遠くへ

腸腰筋とは…

上半身と下半身をつなぐ筋肉。
姿勢を保つために使われる。

右脚を斜め後ろへ持ち上げ、お腹を凹ませながら体の前側を伸ばして30秒キープ。反対側も同様に。

63

胸・背中　お腹　頭・首・肩

お腹～首のストレッチ

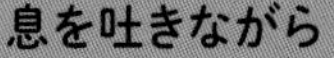

床に手をついて、上半身を起こして体の前側を伸ばす。

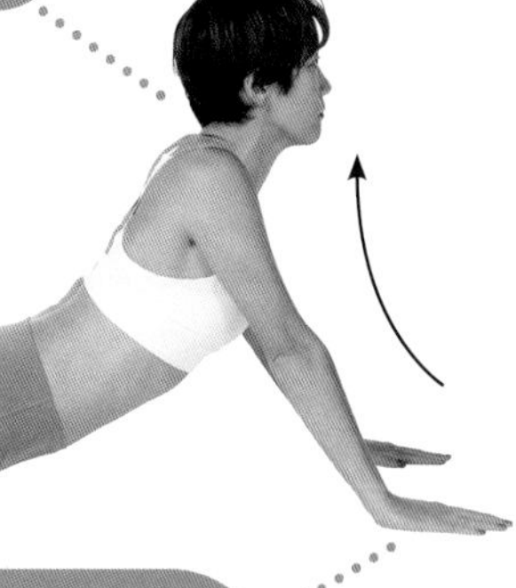

ツラい人は
ひじをついてもOK

腰がキツい、痛いという場合はひじをつくとラクになります。肩の下にひじがくるようにして上半身を起こし、前側が伸びているのを意識します。

首を上げると
胸鎖乳突筋にも
効果的!

さらに余裕がある人は首を伸ばして左右に倒すと、胸鎖乳突筋もほぐすことができます。無理せずに自分のペースで試してみましょう。

64 ひざ抱え

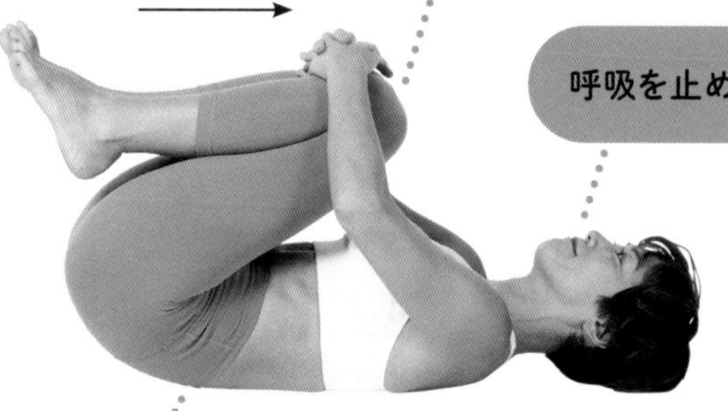

ひざを曲げ、腕でひざを抱えて胸に引き寄せる。キツい人はひざが開いてもOK。

体が硬くてツラい人は片脚ずつでもOK

股関節が硬かったり、反り腰になりやすい人は両脚を上げるのがキツいと思います。まずは片脚ずつで慣らしてから両脚を上げてみましょう。

65 ふくらはぎリリース

脚太りの原因・むくみをその日のうちに解消！
1日使ったふくらはぎをいたわってゴシゴシ

左右1分ずつ

立って行う

寝て行う

座って行う

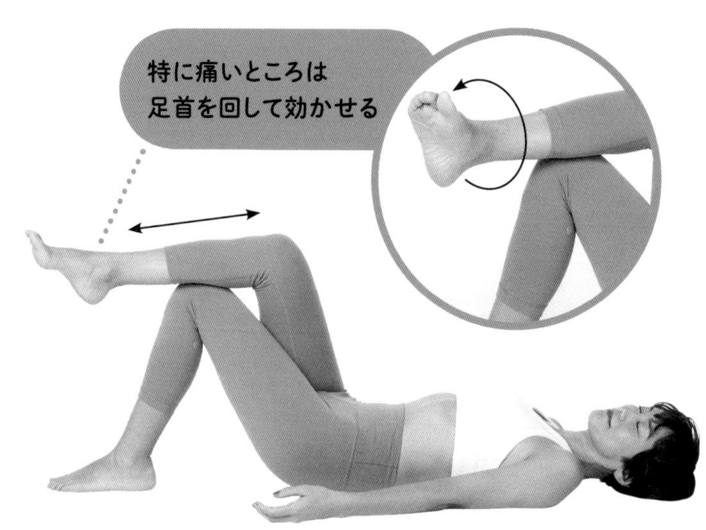

あおむけになり、左ひざを立てて右脚をのせる。ひざを使ってふくらはぎのコリをほぐす。内側、外側と場所を変えながら。反対側も同様に。

足首は体の土台、ふくらはぎはポンプの役割

足首が硬いと体の重心が後ろに倒れやすく、骨盤の傾きにも影響が出てしまいます。そう、足首はまさに体の土台です。そしてふくらはぎは第2の心臓といわれ、血行を促進し、酸素や栄養を体に巡らせる働きがあります。

この「ふくらはぎリリース」はひざ下全体がほぐれて足首も柔らかくなります。寝たままできて簡単で気持ちいい！　寝る前の習慣にしてみてください。

66 足首ワイパー

股関節から動いていることを意識

気持ちよく脱力〜。力みがとれてリラックス

15回

立って行う

寝て行う

座って行う

1

足を開いて、かかとを押し出して伸ばす。

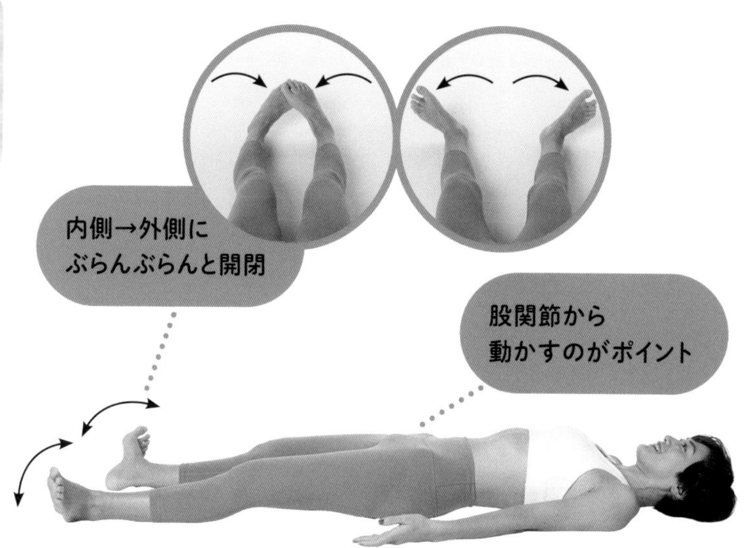

2

股関節から足をワイパーのように開閉する。「開いて閉じる」を1回とし、15回。

内もも引き締めに
効果絶大！

内ももの動きを
感じながら動かす

足を下ろしたままの
足パカでラクちん！

30秒

67 ミニ足パカ

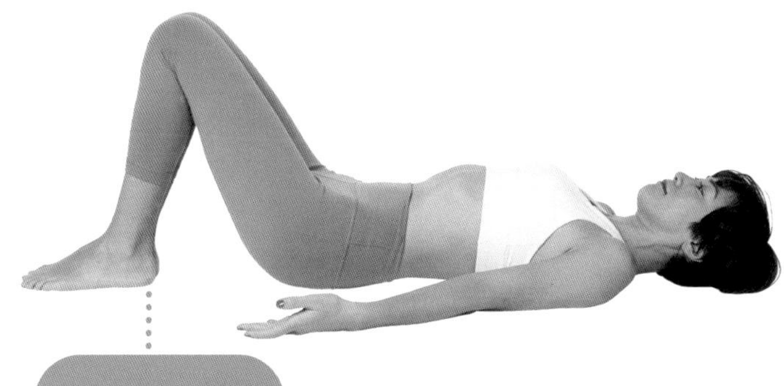

1

ひざを立てて足を閉じる。

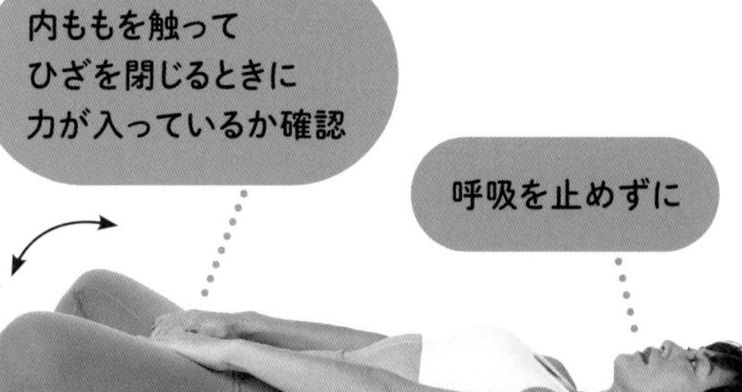

2

足を開いて内ももに力が入っているのを感じながらひざを閉じる。30秒間繰り返す。

足を完全に浮かせる"足パカ"ができない人でも簡単。しかも効果もバッチリ！

68 寝て前もも ストレッチ

腰は反らさないで脚が伸びるのを意識

前ももを伸ばして反り腰、腰痛も改善

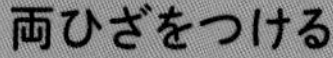

1

ひざを曲げて体に引きつけ、上のほうの足首を持つ。

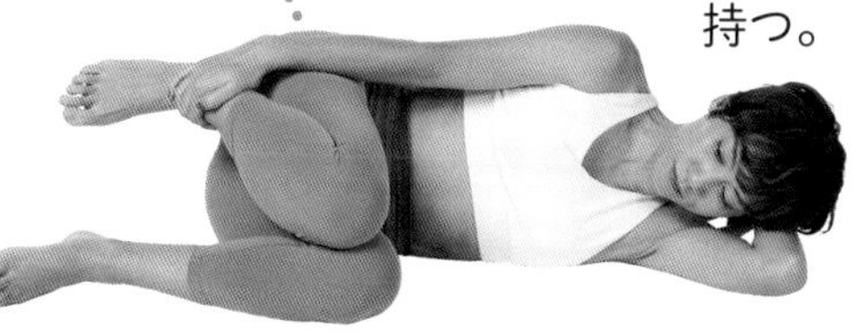

2

上の脚を後ろに引き、前ももを伸ばして30秒キープ。反対側も同様に。

できる人はおしりに
かかとをつけて

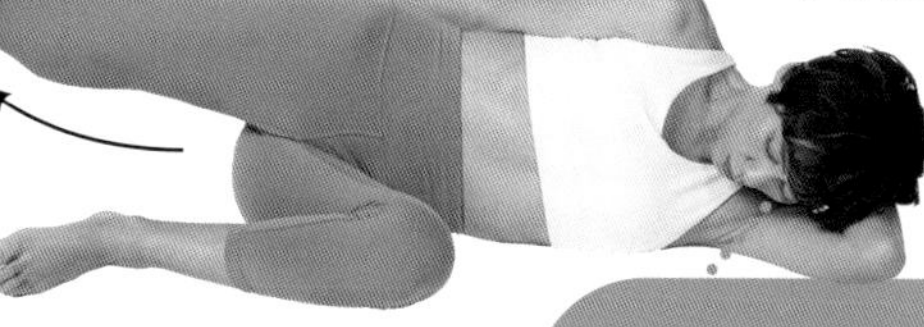

あごが上がらないように
視線はおへそへ

NG

背中が反らないように注意

背中が反ってしまうと腰を痛める原因に。また前ももがしっかり伸びません。無理してかかとをつけず、体勢をキープすることがまずは大切。

69

おしり タオルリリース

タレ尻改善！
キュッと上がって
理想のフォルムに

おしりのストレッチが
苦手な人は
タオルリリースから

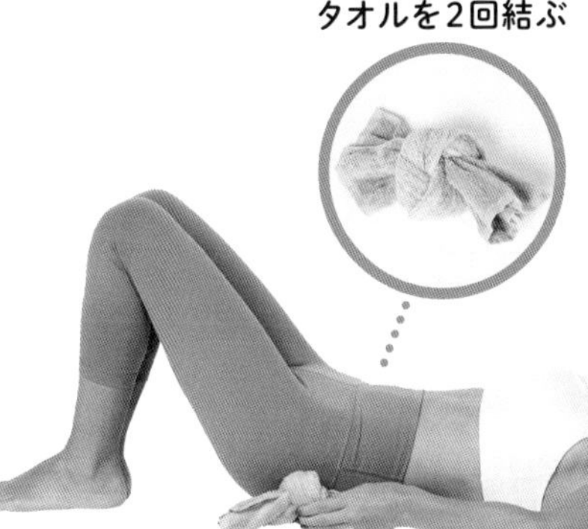

1

タオルを結び、片方のおしりの下に敷く。

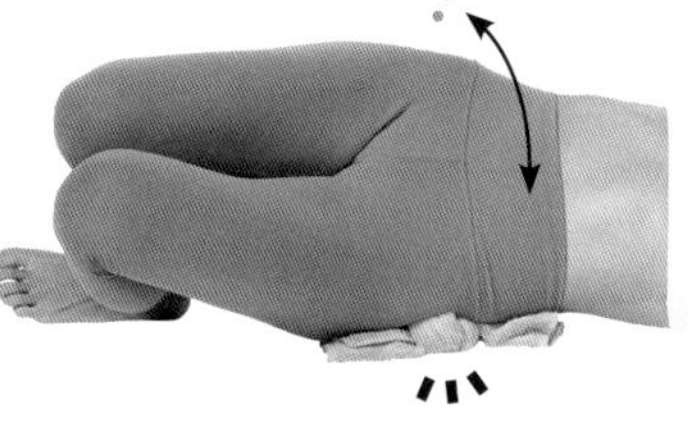

2

脚、おしりの力を抜いて体をゆらし、おしりを刺激する。場所を変えながら1分。反対側も同様に。

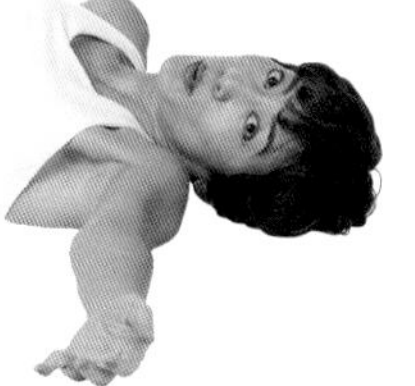

痛い人は無理せず片脚だけのせるのでもOK

片脚にしたり、結び目の当たり方を変えて調整しましょう。

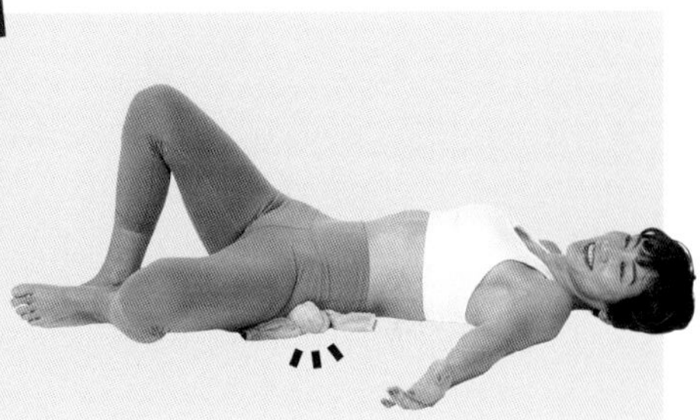

70 外もも タオルリリース

カチコチ外ももを
寝ながら
やさしくリリース

これだけでも
太ももが
細くなる！

立って行う

寝て行う

座って行う

1

タオルを結び、左ももの下に敷く。痛気持ちいいぐらいの力でゆっくり体重をかける。

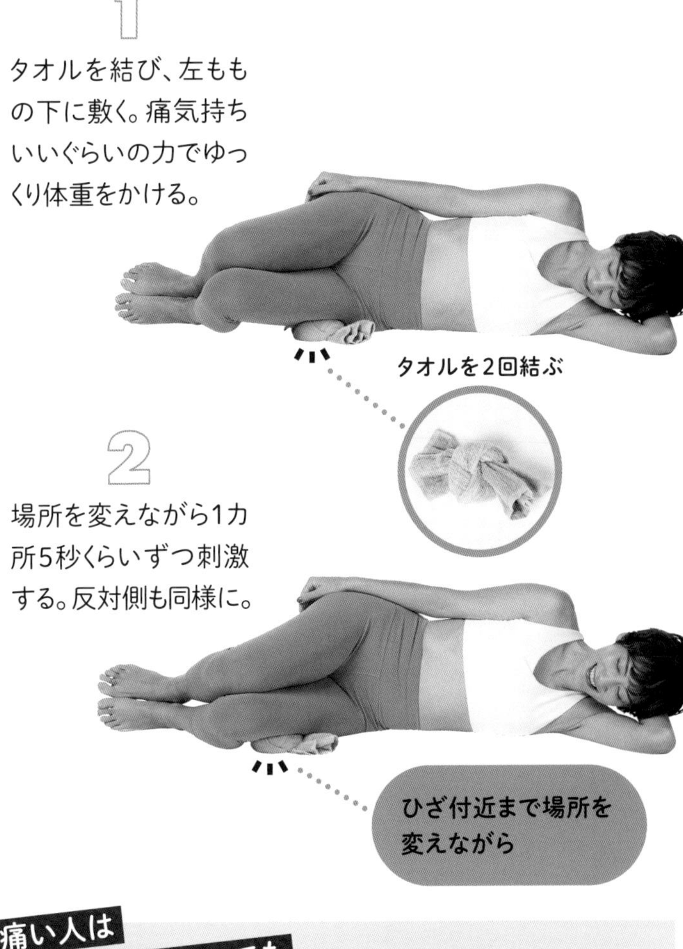

2

場所を変えながら1カ所5秒くらいずつ刺激する。反対側も同様に。

痛い人は 片脚だけのせるのでも 効果は十分

最初は気持ちいいと感じるくらいに圧を調整しましょう。

71 もも裏のタオルストレッチ

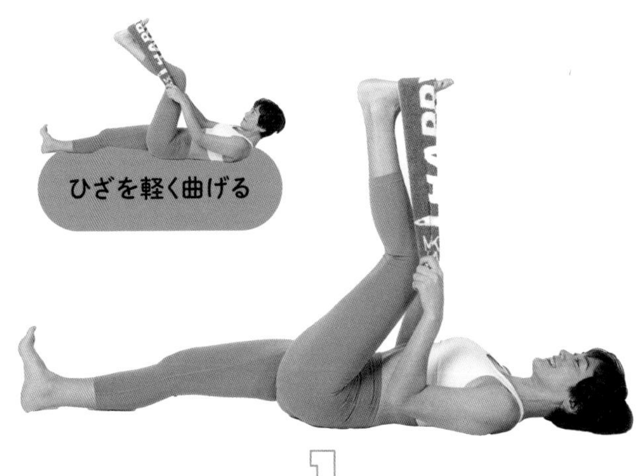

1

左のひざを曲げてタオルを足裏に引っかける。痛くないところまでひざを伸ばす。

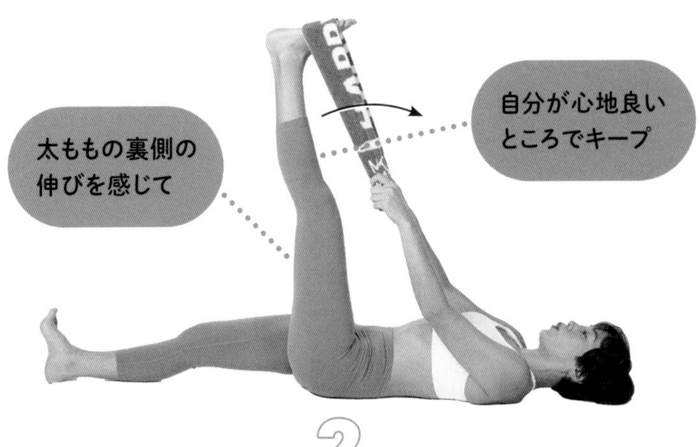

2

タオルを引いて脚を胸に近づけるイメージで、太ももの裏側を伸ばして30秒キープ。反対側も同様に。

72 外ももの タオルストレッチ

むくみスッキリ。脚が軽くなり腰痛予防にも

左右30秒ずつ

息を吐いて脱力〜。リラックスしながら

立って行う
寝て行う
座って行う

1

左脚を上げ、タオルをかけて伸びを感じるところまで両手で引きよせる。

2

脚を右脚の上まで倒して深呼吸。反対側も同様に。

さらに倒していくと…

わき腹〜ふくらはぎの外側全部に効く!

できる人はタオルを片手で持ち、大きく脚を倒してみて。このとき左の肩が浮かないように注意して。外側全体がピーンと伸びるのを感じられます。

73 内もものタオルストレッチ

たぷたぷ内もものたるみが解消。太ももにすき間が！

内ももをぐいーんと伸ばす

左右30秒ずつ

1

左脚を上げ、足裏にタオルをかけて左手で持つ。右脚はひざを曲げて手で押さえる。

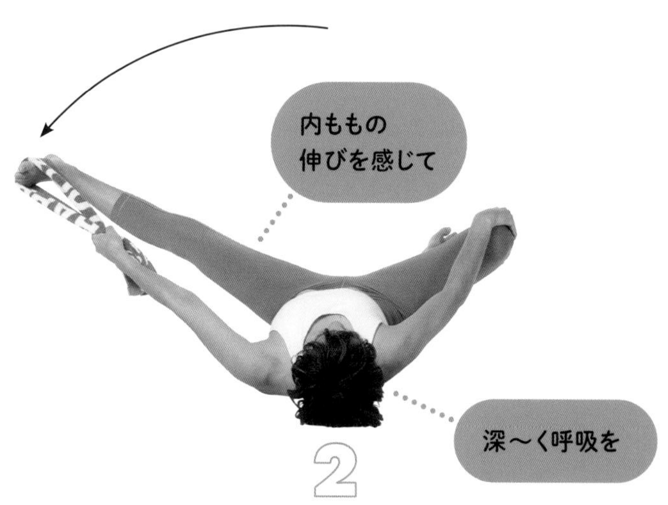

2

外側に脚をゆっくりと開いて内ももを伸ばす。30秒キープ。反対側も同様に。

74 おしり4の字ストレッチ

上げている脚のスネが顔と平行になるように

股関節が動いて脚やせモードが発動

左右30秒ずつ

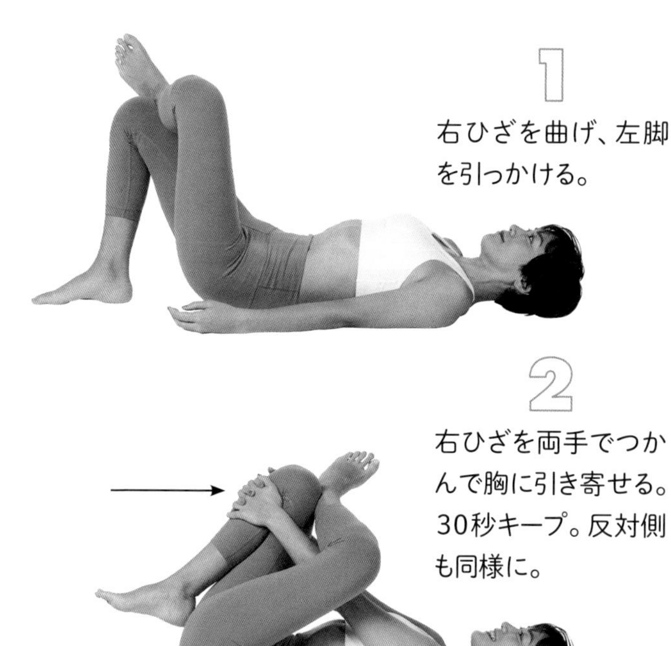

1

右ひざを曲げ、左脚を引っかける。

2

右ひざを両手でつかんで胸に引き寄せる。30秒キープ。反対側も同様に。

左脚のおしり～太ももの外側がピーン

息をフーッと吐きながら

ひざをつかめない人は無理せずに太ももでもOK

69のおしりタオルリリース(P.152)を先にするとやりやすくなります。

75 おしり上げ体操

おしりに
スイッチが入ると
全身の代謝もアップ！

脚ではなく
おしりの力で
持ち上げる

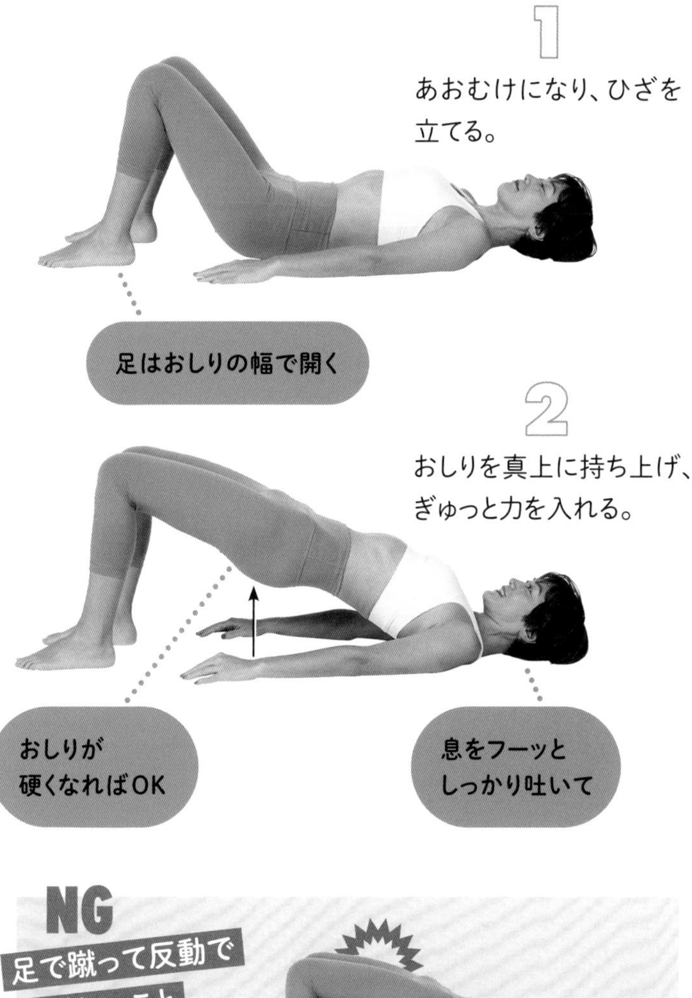

1

あおむけになり、ひざを立てる。

2

おしりを真上に持ち上げ、ぎゅっと力を入れる。

NG

足で蹴って反動で上げないこと

反動で上げても効果はゼロ。おしりの力を使うのが大事！

76 脚上げ体操

使うのはおしりの筋肉

キュッと上がったヒップに

かかとから脚を上げていく！

左右10回ずつ×2セット

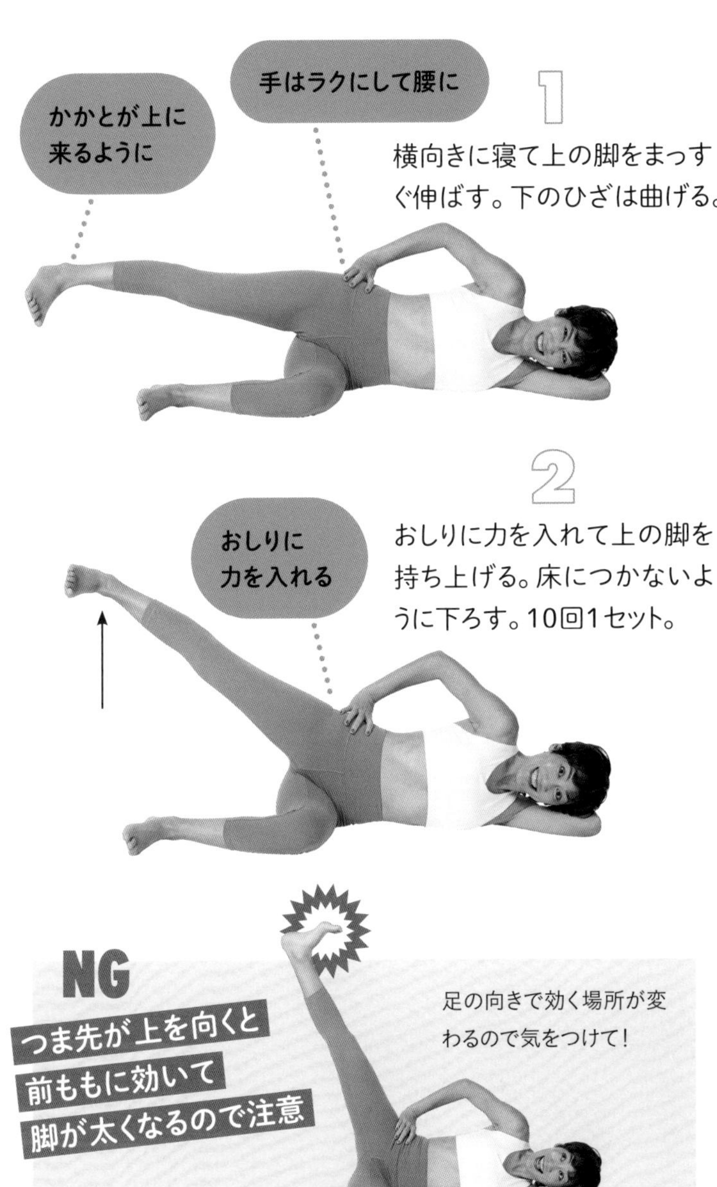
かかとが上に
来るように
手はラクにして腰に
1
横向きに寝て上の脚をまっすぐ伸ばす。下のひざは曲げる。
2
おしりに
力を入れる
おしりに力を入れて上の脚を持ち上げる。床につかないように下ろす。10回1セット。
NG
つま先が上を向くと
前ももに効いて
脚が太くなるので注意
足の向きで効く場所が変わるので気をつけて！

77 胸つまぷる

やさしくつまんで
ゆらすだけ

美背中を目指すなら
まず胸をほぐす!

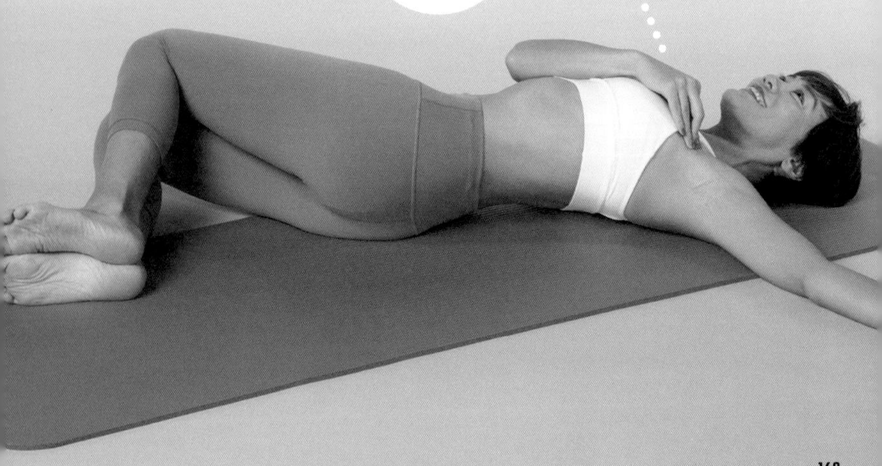

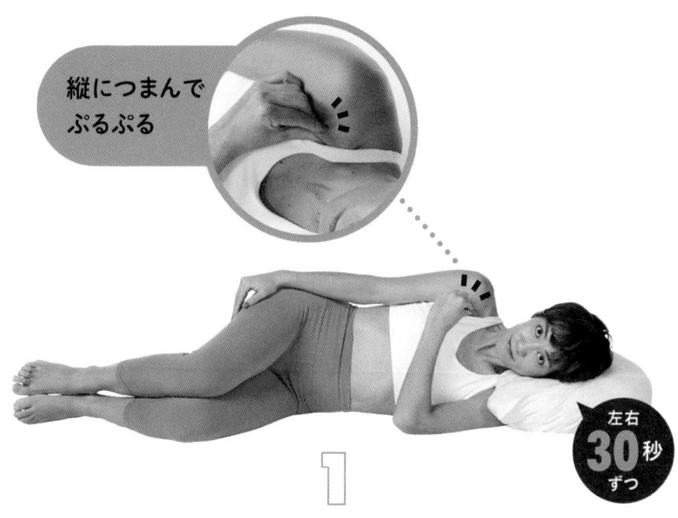

1

左向きに寝て、右胸のお肉を少しずつ場所を変えながら、つまんでゆらす。

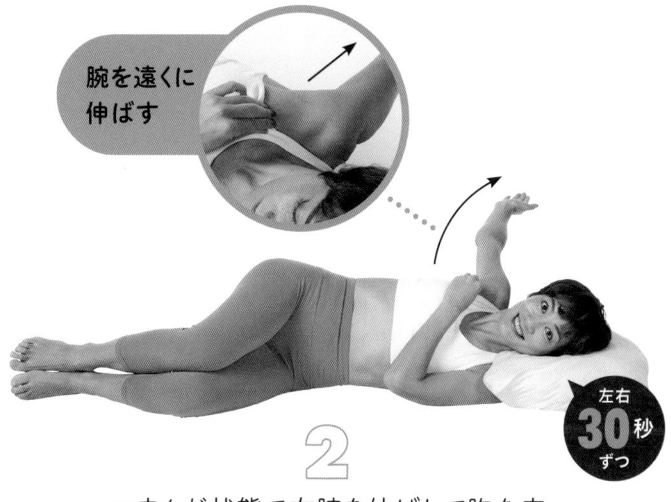

2

つまんだ状態で右腕を伸ばして胸を広げる。つまんでいたお肉がなくなって手が外れてもOK。反対側も同様に。

78 胸のストレッチ

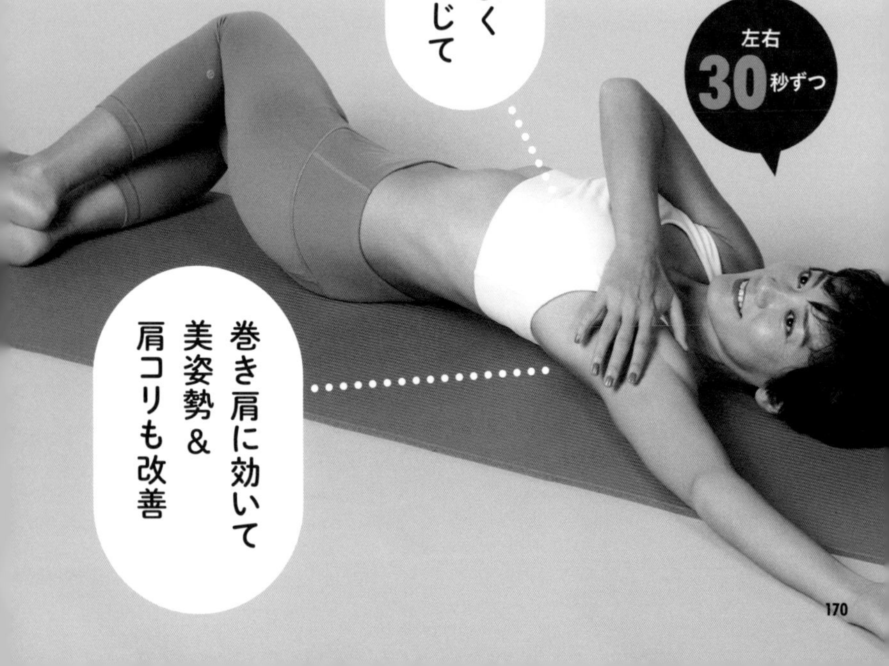

胸が気持ちよく伸びるのを感じて

左右30秒ずつ

巻き肩に効いて美姿勢＆肩コリも改善

立って行う
寝て行う
座って行う

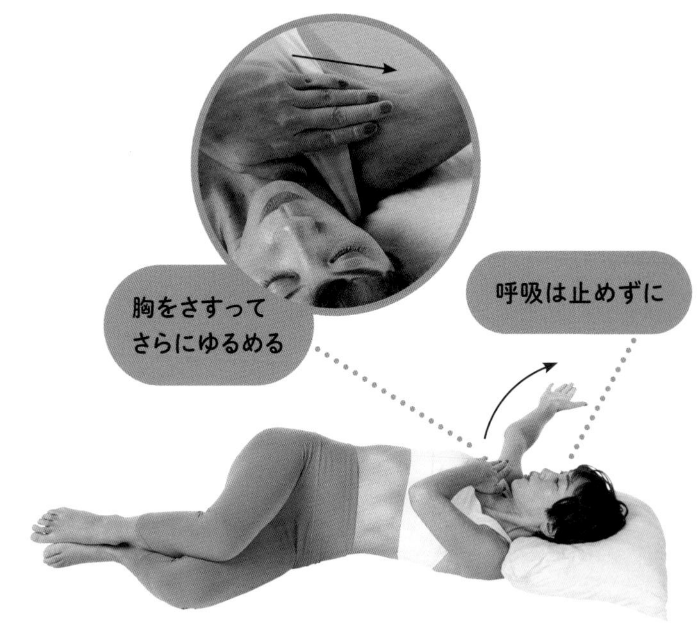

左向きに寝て右腕を伸ばし、胸を広げながら、左手で外に向かってさする。反対側も同様に。

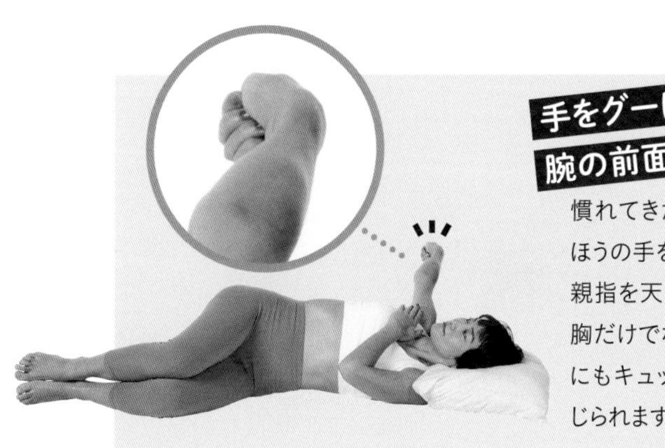

手をグーに握ると腕の前面にも効く!

慣れてきたら、伸ばしたほうの手をグーに握って親指を天井に向けます。胸だけでなく、腕の筋肉にもキュッと効くのを感じられます。

79 菱形筋はがし

菱形筋とは…
背骨から肩甲骨の内側にかけてつながる筋肉。肩甲骨の動きに深く関係する。

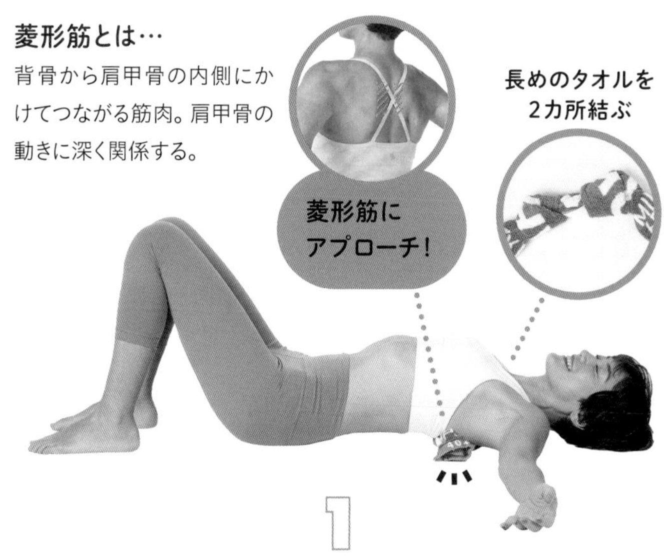

1

タオルを2カ所結ぶ。肩甲骨の間に来るようにして上にのり、刺激する。ひざは立てる。

2

腕を天井に向かって伸ばし、やさしく上下に動かすとより刺激が強まる。

80 胸の横のタオルリリース

肋骨が動くと
呼吸が深まり
やせスイッチが稼働

肋骨の動きを
意識しながら深呼吸

肋骨を意識して呼吸を繰り返す

胸の横の筋肉は肩甲骨にもつながっていて、ここが硬くなると呼吸が浅くなり、猫背にもなってしまいます。脂肪も筋肉も薄い場所なので、タオルの結び目はできるだけ柔らかく平らにして、痛すぎず程よく刺激を感じるところで呼吸を繰り返しましょう。胸にいっぱい息を入れるようにすると、タオルに当たっている部分の肋骨が動くのがわかります。肋間筋がほぐれ、呼吸が徐々に深まっていきます。

1

タオルを2カ所結ぶ。胸の横がタオルの結び目の上に来るようにしてのる。

2

上の腕を上下に動かして体をゆらし、刺激する。反対側も同様に。

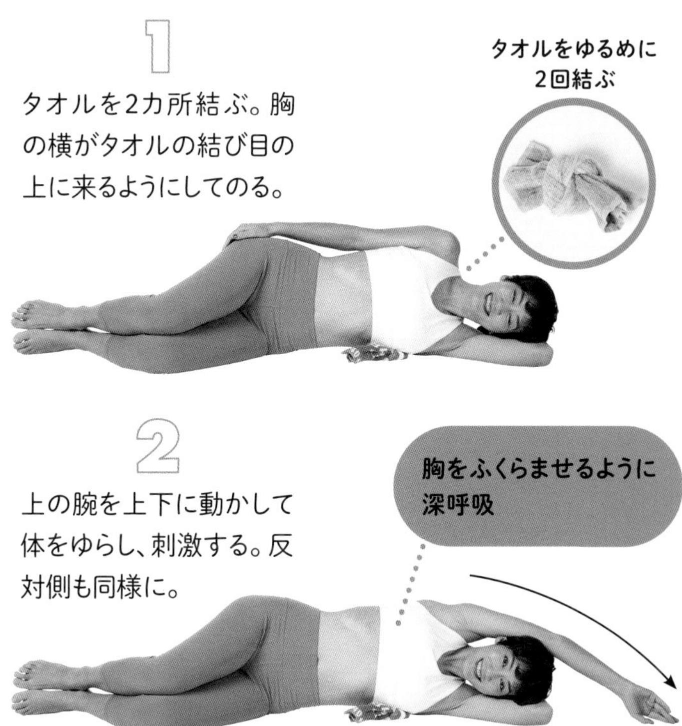

81 胸伸ばし

猫背が解消
コリがほぐれて丸まった背中もスッキリ

ひざの上におしりをキープして！

1

手と足を開いて四つん這いになる。

2

体を床のほうへ沈め、わき〜胸を伸ばす。

82

胸・背中　お腹

背骨のストレッチ

背骨が柔軟になって
コリ知らずの
しなやかな体に

前面も背面も
じんわりと伸ばす

呼吸に
合わせて
10回

1

手を肩幅、脚を腰幅で開いて四つん這いになる。

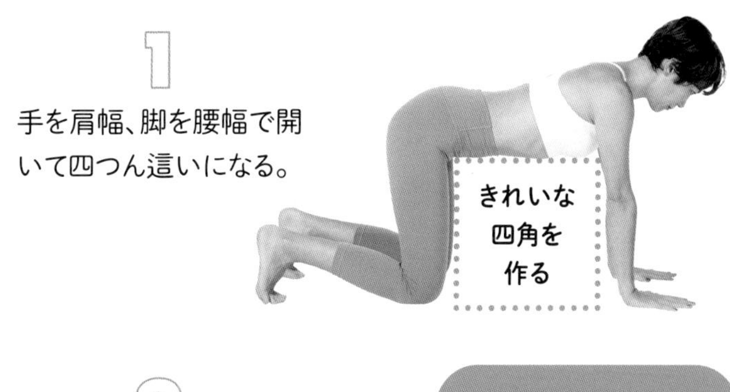

2

息を吐きながら、お腹を凹ませ背中を引き上げて丸める。

首は力まずラクにする

丸くなるときは
骨盤を立たせて

3

息を吸いながら、背中を反らす。丸める→反らすで1回。

胸とお腹を伸ばす

顔を前に向けて

83 胸を開く体操

1

四つん這いになり、右手を上げて耳の横に添える。

2

ひじを上げて体をひねり、胸を大きく開く。反対側も同様に。

寝て行うストレッチはココまで！
次からは座ってできる
ストレッチを紹介します

84
腰つまぷる

腰をほぐすことで下腹やせにもアプローチ!

腰のお肉を上下にぷるぷる

XEXYMIX

つまめない人は
手で皮を
ずらすように動かす

30秒

1

体を反らせて腰のお肉をつまみ、場所を変えながら上下にゆらす。

つまんだお肉が
手から外れてOK！

30秒

2

お肉がなくなるまで、背中を丸める。場所を変えながら繰り返す。反対側も同様に。

NG
“パンツ下”の状態だと背中は伸びたまま

体を反らしてお肉をつまんだ後、腰を反らせたまま体を前に倒してしまいがちですが、それだと背中が伸びたままなのでNG。背中を丸めて伸ばすのリズムで！

85 腰方形筋つまぷる

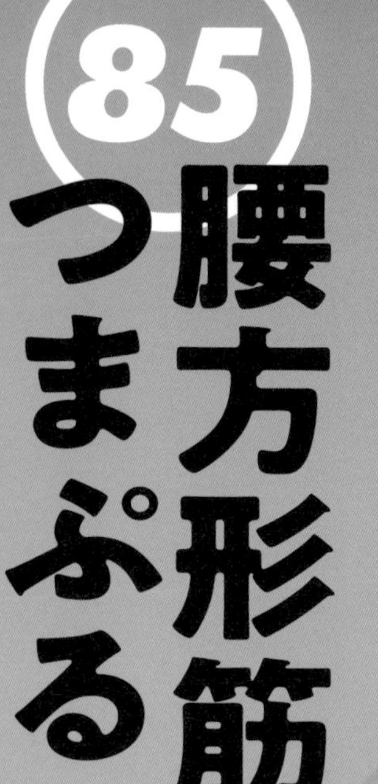

体を傾けてお肉をしっかり集める

骨盤が整ってウエストほっそり見え！

腰方形筋とは…
骨盤と肋骨の間にあり、両側から支える筋肉。骨盤を正しい位置に保つ役割がある。

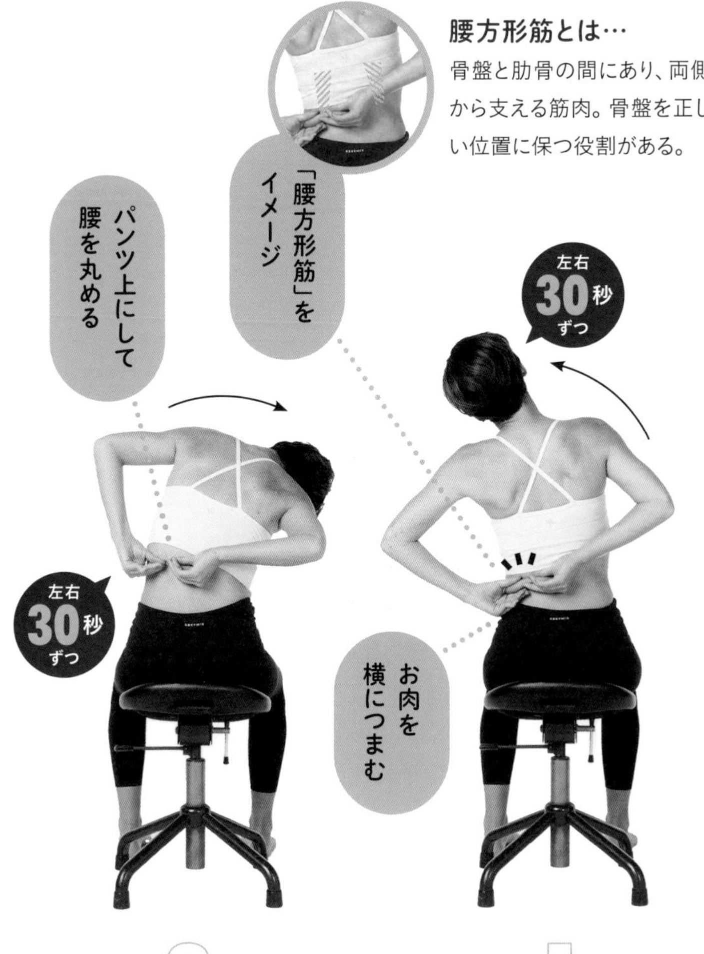

1
体を左に傾けて左の腰のお肉を集めてつまみ、場所を変えながら上下にゆらす。

2
腰を丸めながら体を右斜め前に倒し、左の腰を伸ばす。お肉が手から外れてもOK。反対側も同様に。

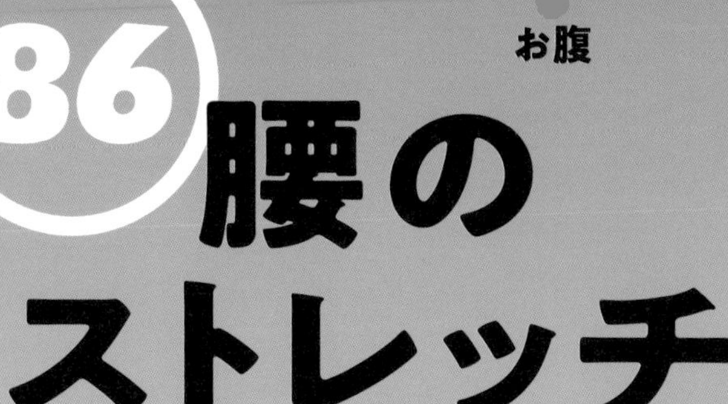

86 腰のストレッチ

30秒

フーッと息を
しっかり吐き出す

手ごわい腰痛改善、
便秘解消にも
期待大！

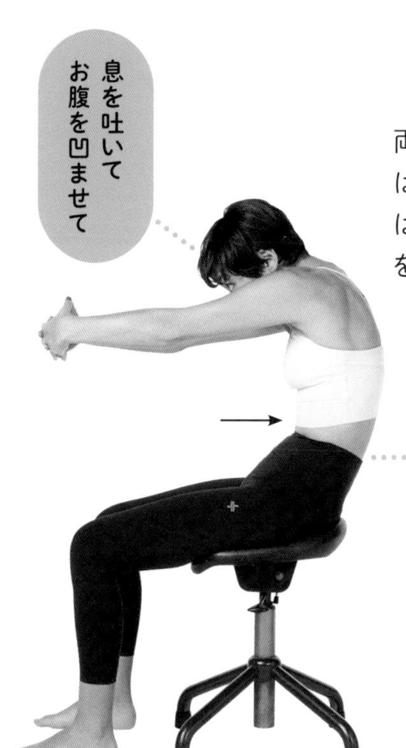

両手を前で組んで伸ばし、背中を丸めて伸ばす。ゆっくりと呼吸を繰り返す。

腰がゆるむと下腹もほぐれ動き出す

やせる体を作るには筋膜をゆるめて筋肉を動きやすくすることが大切ですが、下腹はほぐしてもやせにくいと感じる場所。なぜかというと腰の筋肉がカチカチのままだと、下腹の筋肉まで動きにくくなってしまうから。下腹やせには下腹のつまぷると一緒に腰のつまぷるやストレッチを行うと効果的です。腰をゆるめ、下腹の筋肉を動きやすくしてあげましょう。

87 腰方形筋ストレッチ

しぶとい腰の浮き輪肉撃退

左右30秒ずつ

姿勢がよくなり血行促進

左右の違いを感じながら、しっかり伸ばす

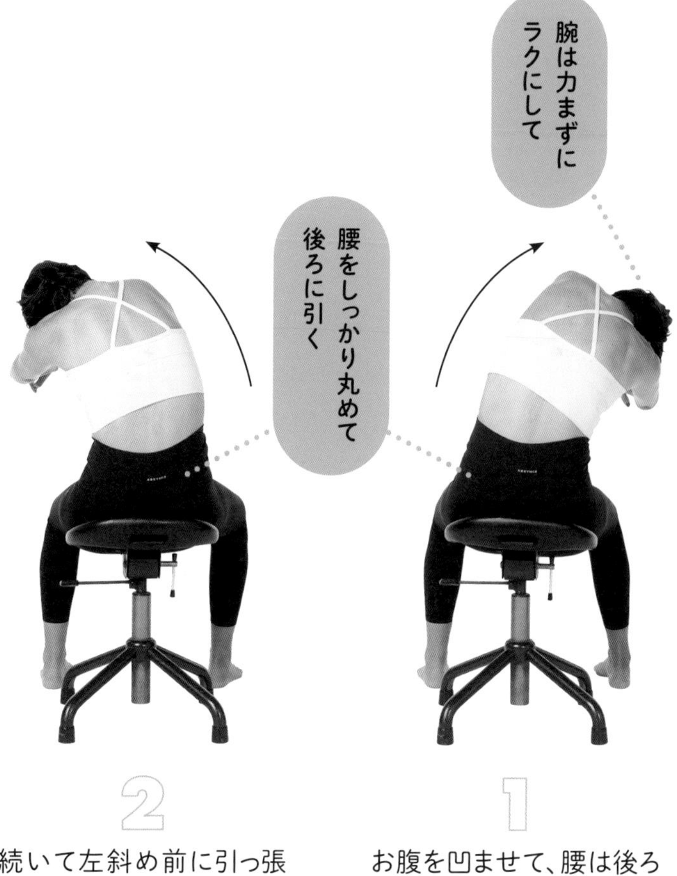

1

お腹を凹ませて、腰は後ろに引きながら左手首を持って右斜め前に引っ張る。

2

続いて左斜め前に引っ張るように倒し、右腰を伸ばす。

88 おしりストレッチ

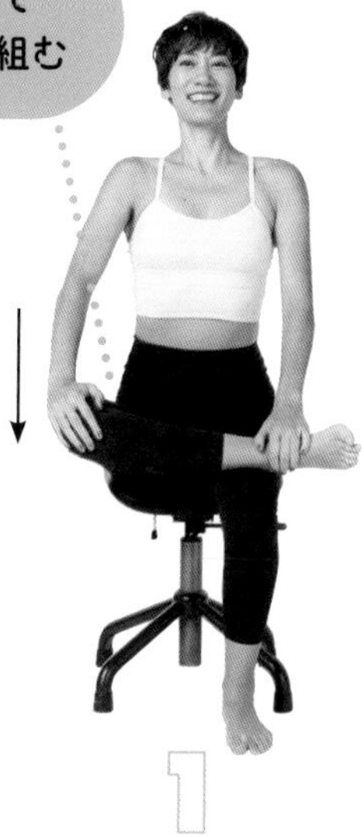

2

背筋をまっすぐ伸ばしたまま、体を前に倒しておしりを伸ばす。30秒キープ。反対側も同様に。

1

イスに浅く座り、右足を左ひざの上にのせ、右ひざを軽く下に押す。

NG

背中が丸くなると
効き目が半減

体を前に倒そうとすると、つい背中が丸まりがち。それではおしりや太ももの裏側には効きません。背中をまっすぐキープして伸ばしましょう。

脚・おしり

89 外もも&前ももつまぷる

これだけで筋トレよりも細くなる!

前張り、外張りを柔らかく

硬くて大きい筋肉の上の脂肪をゆらして

外もも

ひざの横のお肉をつまんで上下にゆらす。

大きく持って大きくゆらす

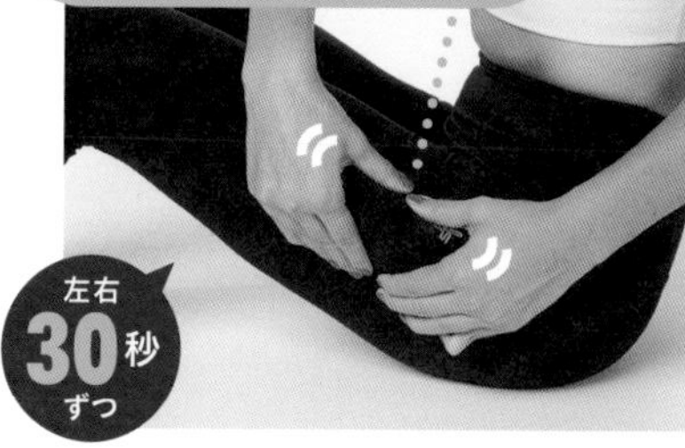

2

つけ根に向かって少しずつ場所を変えながらゆらす。

左右30秒ずつ

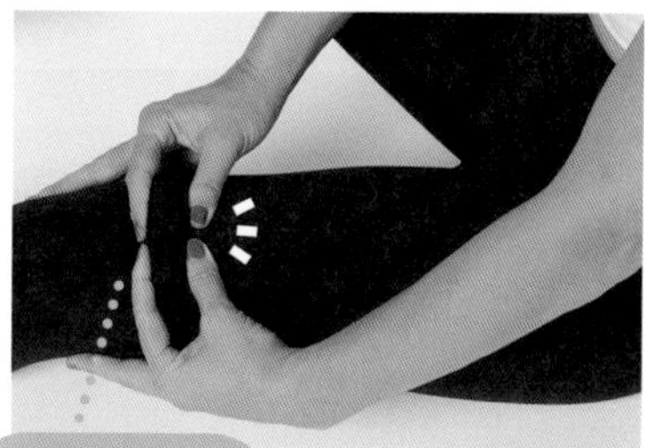

前もも

ひざ上のお肉をつまんで、ぷるぷるとゆらす。

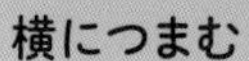

横につまむ

2

つけ根に向かって少しずつ場所を変えながらゆらす。

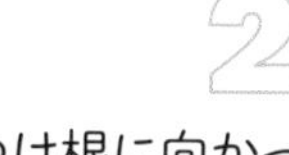

つまみにくい場合は手のひらで押し、皮をずらすだけでもOK

左右30秒ずつ

90 内もも&もも裏つまぷる

筋肉からやさしくはがすようにつまんで

太もものほぐしはやせ体質づくりに効果抜群!

内もも

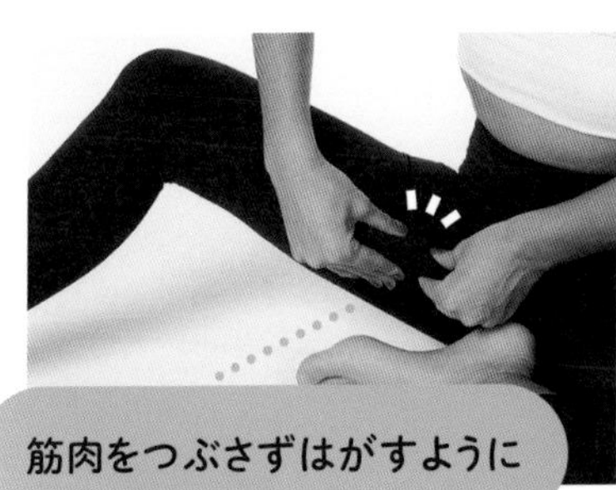

筋肉をつぶさずはがすように

左右30秒ずつ

1

筋肉からはがすようにお肉をつまんでゆらす。

内ももからひざに向かってほぐしていく。

もも裏

硬いところを触ってはがす

左右30秒ずつ

1

もも裏はつまみにくいので縦につまんでゆらす。

2

つけ根に向かって順にほぐす。つまんでぷるぷる。

もも裏がほぐれると
おしりが使いやすくなり
ヒップアップにもつながる!

91 ひざ倒しストレッチ

股関節をしっかりほぐすイメージで！

股関節が動くことがやせ体質への近道

1
脚を開き、片ひざを内側に倒す。

2
左右交互にぱたんぱたんと往復するのを1回として15回。

股関節が動くと
脚が大きく開き、歩き方や
日常生活の動きが激変！
やせやすい体に変わります

NG
ひざをつけようとしすぎて
おしりが浮かないように

92 開脚ストレッチ

30秒

骨盤まわりがゆるんで
お腹も内もももスッキリ！

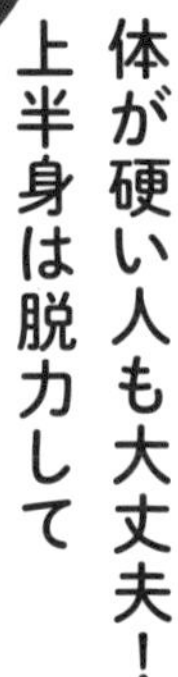

1

骨盤を立たせて座り、脚を開いてひざを軽く曲げる。

骨盤を意識して

2

ひざをまっすぐ伸ばし、手を前について内ももを伸ばす。

内ももに効くのを感じて

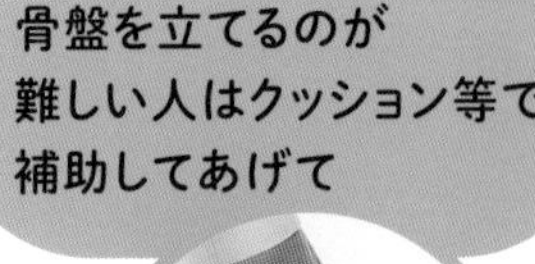

NG

骨盤が倒れると背中が丸くなってしまう

骨盤を立てないと股関節のストレッチにならないので注意。

93 ひざまわりつまぷる

左右30秒ずつ

つまぷる前にさするとグンとやりやすく！
動きが軽やかになって階段もスイスイ上がれる！

立って行う
寝て行う
座って行う

1

手のひらでひざを挟んで皮をずらすようにさすってほぐす。

つまぷるの前にやろう

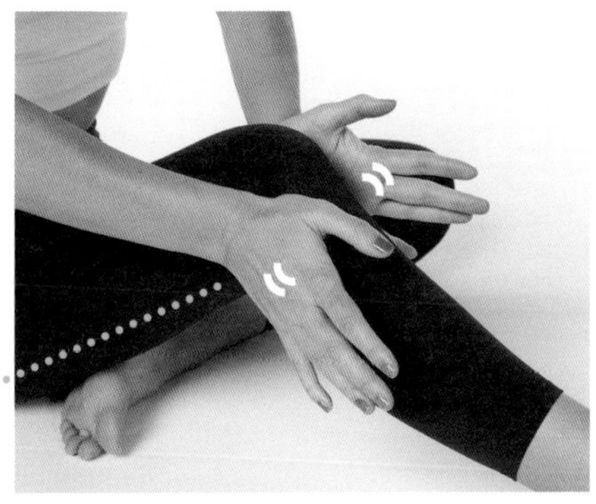

2

ひざまわりをつまんでぷるぷると動かす。少しずつ場所を変えながら反対の脚も同様に。

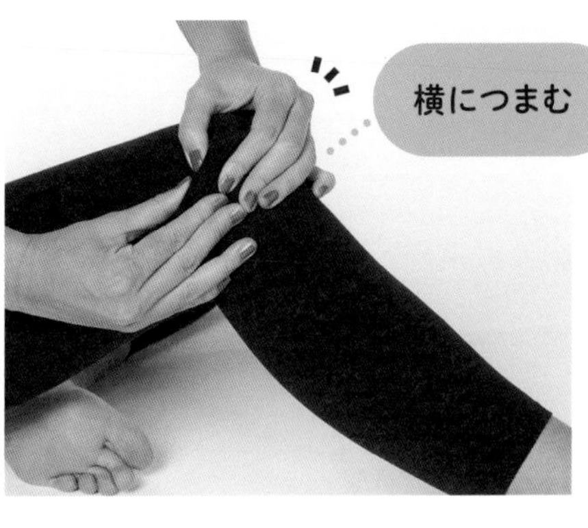

横につまむ

89の「前もも つまぷる」とセットでやると効果的！

前ももとひざの筋膜はつながっています。ひざまわりの筋膜をほぐすときは、前ももの筋膜も一緒にはがしてあげるとより効果がアップします。また、特にひざが痛い人やうまくつまめない人は、つまぷる前のゆらしを念入りに行いましょう。

イスに座ってもOK。体がラクな姿勢でやってみて

94 ふくらはぎつまぷる

左右30秒ずつ

つねらないでやさしくつまんで

足首〜太ももまでほっそり美脚に

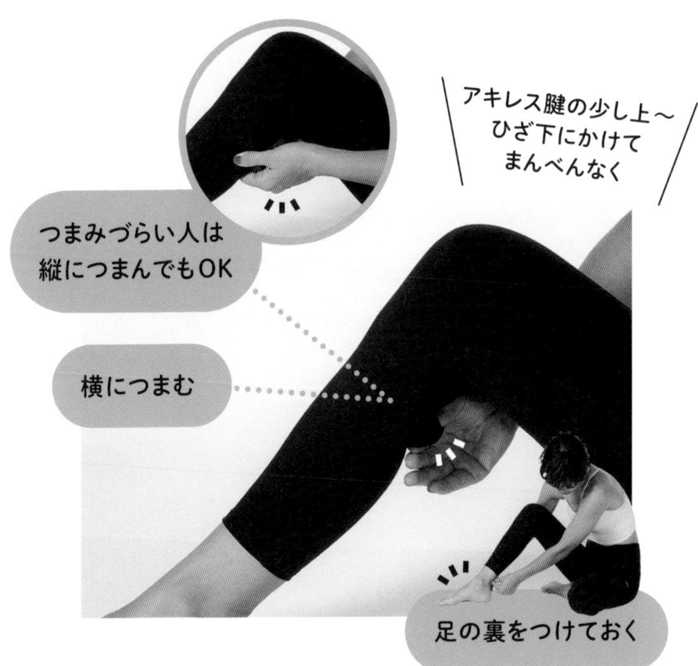

筋肉の上のお肉をはがすようにやさしくつまむ。場所を少しずつ変えながら。反対の脚も同様に。

やせたいなら、足首を柔らかくしましょう

ふくらはぎはもちろん、太ももやお腹やせにも、足首が大切。足首が硬いと立ったときの姿勢が後ろに引っ張られ、おしりが突き出してしまいます。さらにバランスをとるために反り腰になり、下腹もぽっこり。前ももにも力が入ってしまい、カチコチに…。足首をゆるめることはすごく大切なんです。それにはふくらはぎのつまぷるがおすすめ。全身に効くと思うとやる気も出ますね！

95 足指はがし

立って行う
寝て行う
座って行う

隣同士の指を前後に開く。交互に5回ずつ繰り返す。両足すべての指を同様に行う。

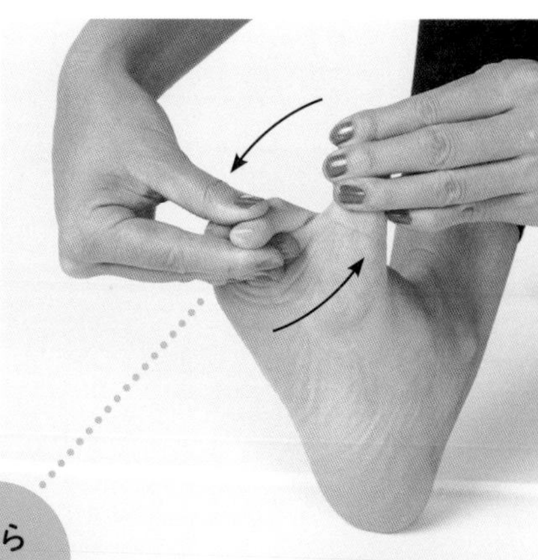

すべての指が終わったら最後にグーパーと開く

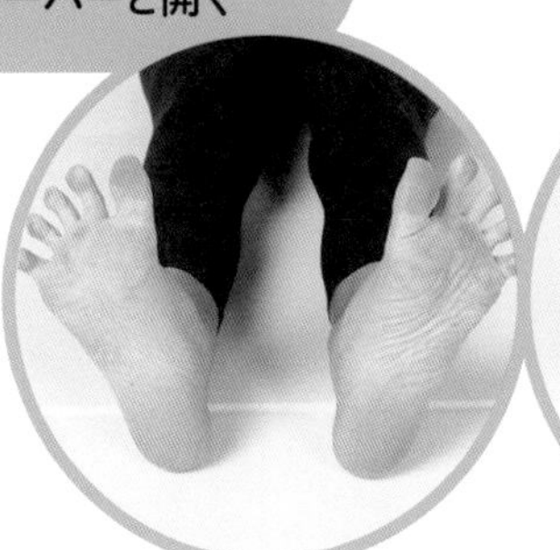

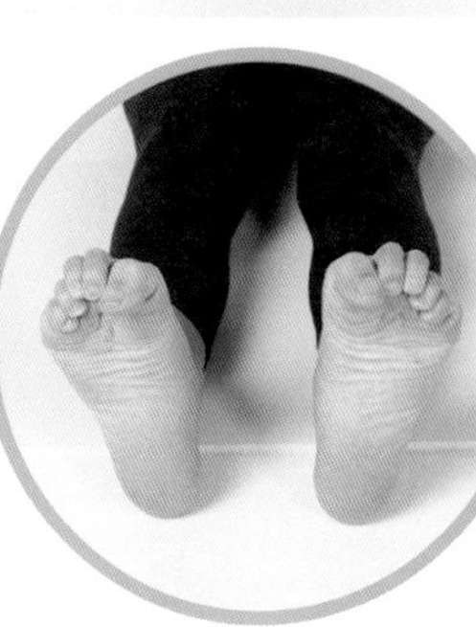

足指の筋膜はがしで「巡る体」に！

年齢を重ねると、頭はのぼせているのに足先は冷えて冷えてしかたがない、という悩みも出てきますよね。そんなときは「足指はがし」！　足指の間の筋膜のひきつれをはがして血行を促進させましょう。はがした後は指をグーパーすると、ブワッと血流が巡ってくれますよ。

この足指はがし、心地よくてクセになりますよ♪

96 足首回し

左右20回ずつ

むくみ＆疲れ改善には
このストレッチが◎！
動きが悪いほうを
念入りに回して

1

足の指の間に手の指を入れる。

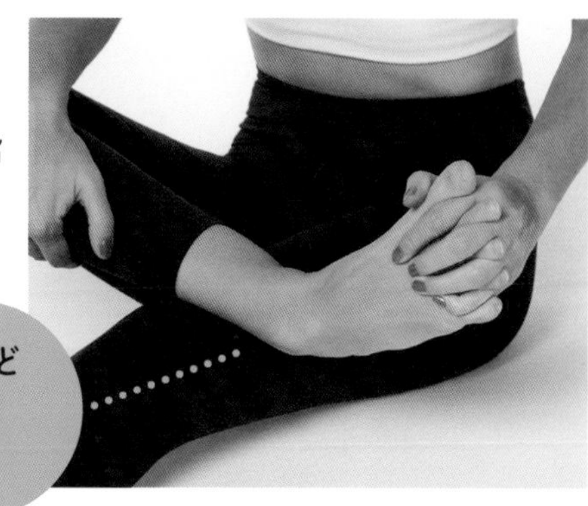

最初は痛いけど慣れると気持ちよくなる

2

指を入れたまま、足首をぐるぐると回す。反対の足も同様に。

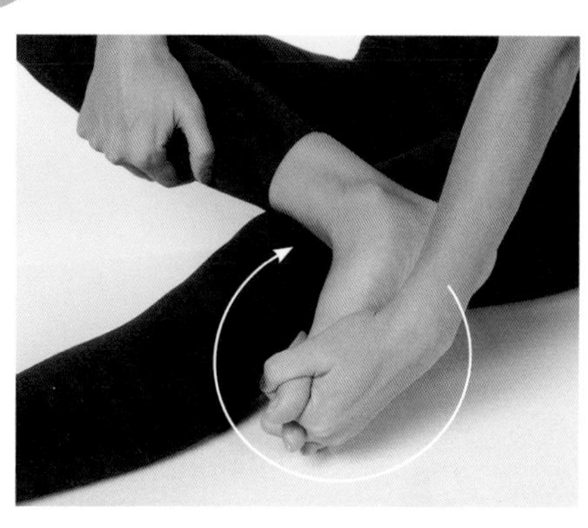

足首が動くことで全身の運動量も上がる

足首が硬い人は、例えるとスキーの硬いブーツをずっと履いているような状態。足首に遊びがないのでつまずきやすく、歩幅がせまくなって筋肉の運動量も減ってしまいます。気づいたらくるくる回して足首をゆるめてあげましょう。自然と全身の運動量も上がってくるはず。

指の間の筋膜の張りつきがほぐれて気持ちいい〜

97 胸と背中のストレッチ

10回 ×2セット

呼吸に合わせて
背骨と骨盤を動かす

胸が開いて背中コリ解消。
気持ちも前向きに!

立って行う
寝て行う
座って行う

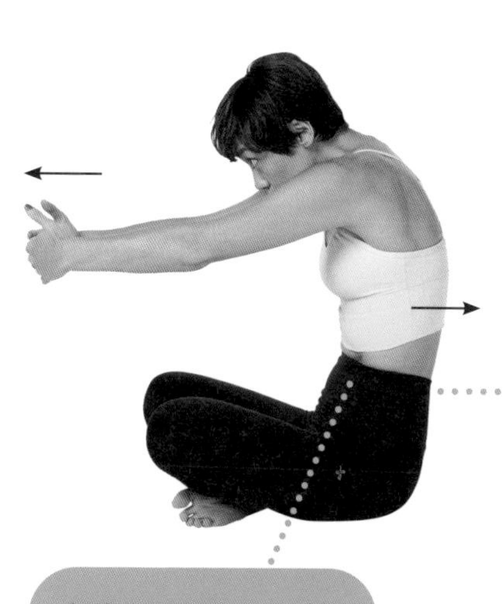

1

息を吐きながら両腕を前に引っ張り、お腹を凹ませて背中を丸く伸ばす。

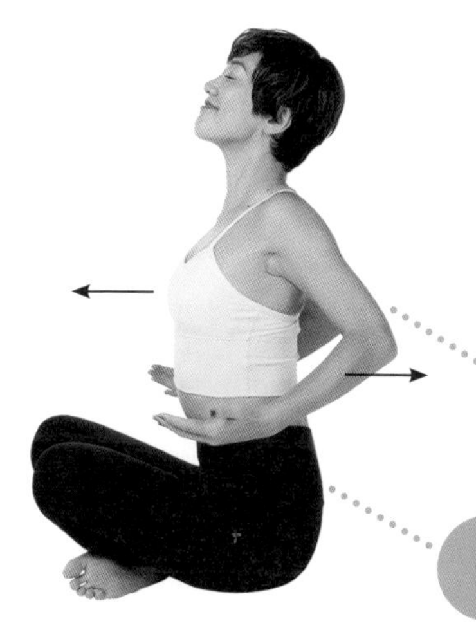

2

息を吸いながら、両ひじを後ろに引き胸を前に突き出す。10回繰り返して1セット。

98 手～前腕のストレッチ

30秒

前腕をほぐすと二の腕やせにも効果てきめん！

パソコン作業する人は必須。首もラクになる

手首を前に向けて手をつき
前腕を伸ばして30秒キープ。

深呼吸を
繰り返して

二の腕の力こぶと
前腕はつながっている

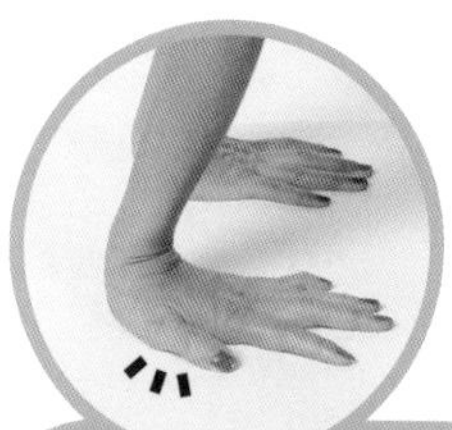

手のひらは床につけて
しっかり伸ばす

PCやスマホ作業で
実は凝っている指。
手のひらを浮かせて伸ばします

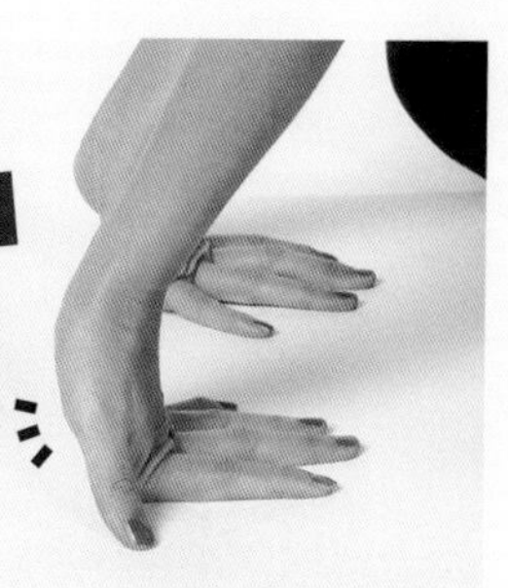

手のひらを持ち上げて指をグーンとストレッチ。仕事や作業の合間に行うと疲れが溜まりにくく、指が動きやすくなりますよ!

99 二の腕バイバイ

二の腕の振り袖肉が激減。
憧れのほっそり腕に
10回
×2セット
ゆっくりでOK！
しっかり大きく回して
XEXYMIX

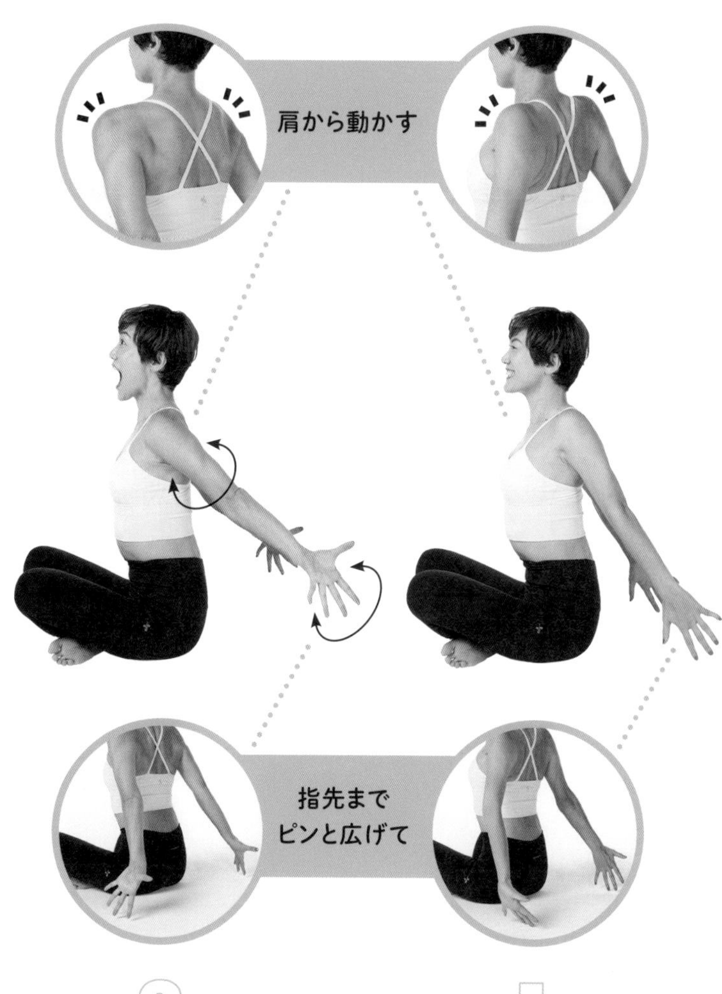

1

肩が上がらないようにして
腕を後ろに上げる。

2

そのままバイバイするよう
に肩のつけ根からひねる。
10回で1セット。

100 二の腕曲げ伸ばし

背筋を伸ばして行うことが大切

腕・肩・背中が締まり、美姿勢に！

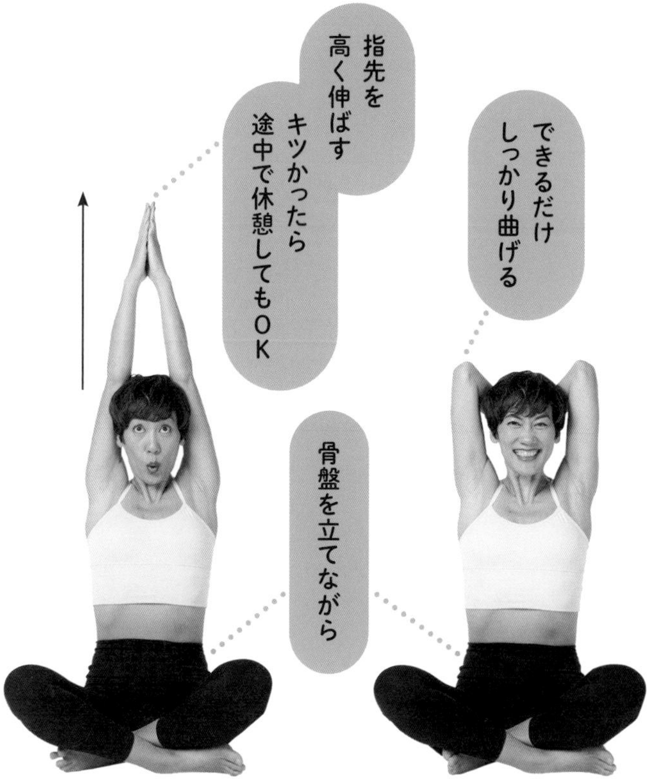

できるだけしっかり曲げる

指先を高く伸ばす

キツかったら途中で休憩してもOK

骨盤を立てながら

1

ひじを曲げ、後ろで手のひらを合わせる。

2

そのまましっかりとひじを天井に伸ばし切る。

コレで100個！
お疲れさまでした〜。
1日1個、無理なく
続けてみてくださいね！

目的別PROGRAM

朝に！代謝が上がるプログラム

朝、起きてすぐ行うストレッチで1日やせモードに！
寝たままの姿勢で体を伸ばし、最後は立ち上がって気持ちよく！

53 お腹のストレッチ

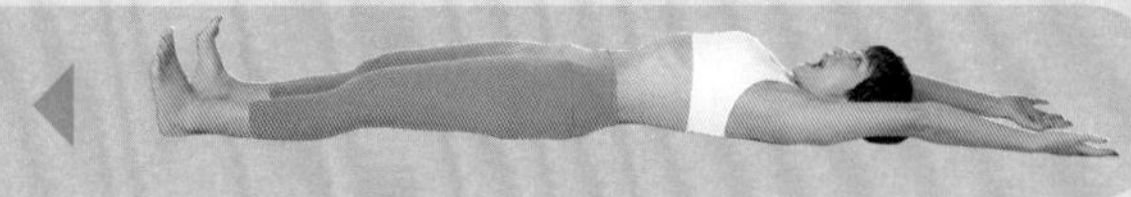

START

2 みぞおちつまぷる

10 わき腹ストレッチ

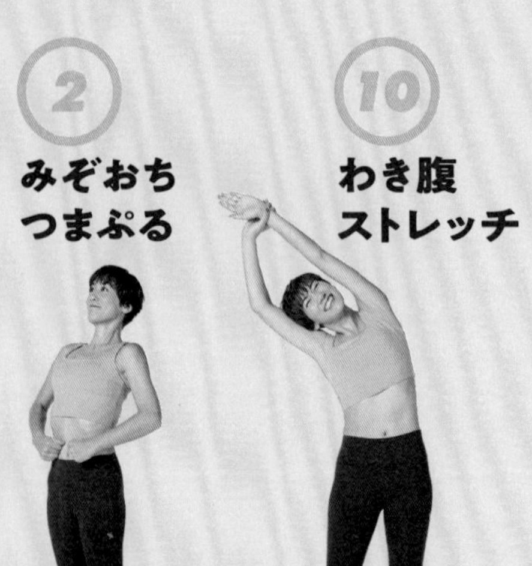

12 引き締め呼吸2

GOAL!

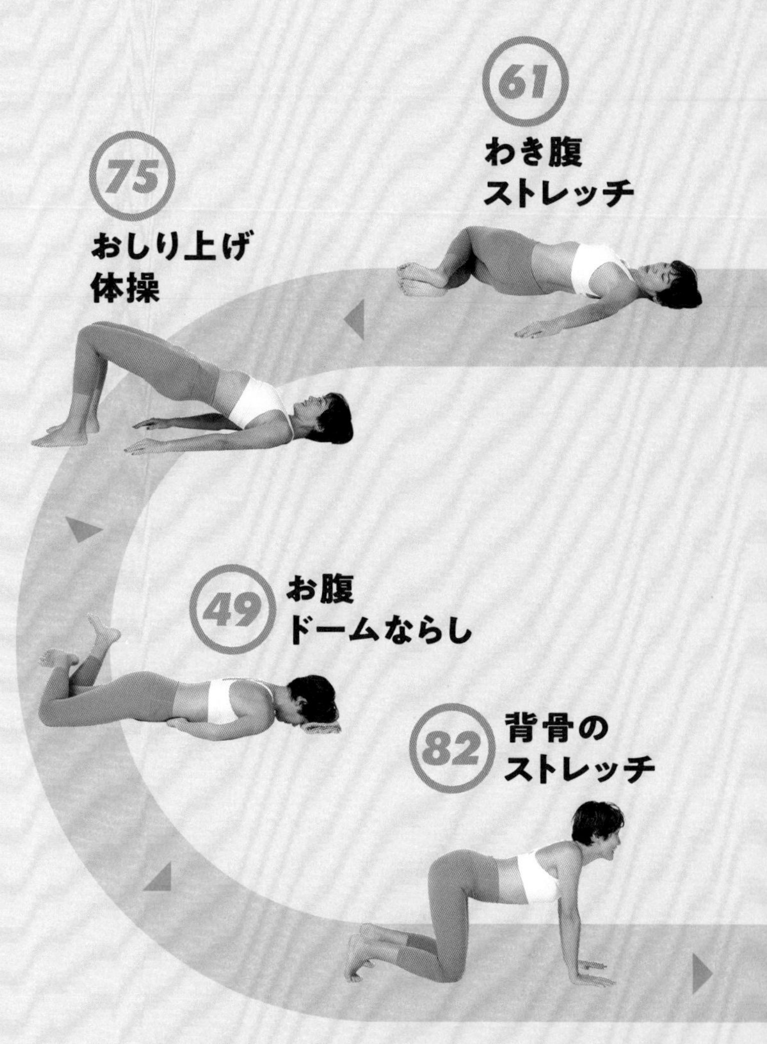
61
わき腹
ストレッチ
75
おしり上げ
体操
49
お腹
ドームならし
82
背骨の
ストレッチ

目的別PROGRAM

寝ている間にやせるプログラム

寝る前のストレッチで朝まで爆睡。
ほぐしてゆるめておくことで睡眠中にやせ体質へと早変わり！

START

48 耳引っ張り

47 耳つまみ

74 おしり4の字ストレッチ

78 胸のストレッチ

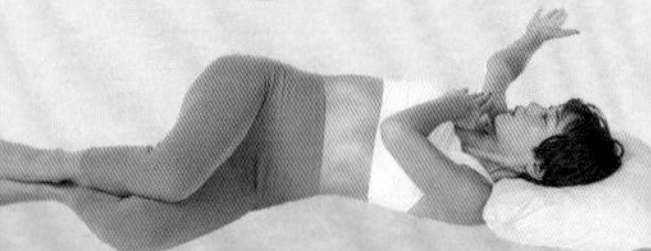

GOAL!

65
ふくらはぎ
リリース
51
クロス
つまぷる
54
ウエストひねり
68
寝て前もも
ストレッチ

目的別PROGRAM

脂肪燃焼プログラム

ちょっとがんばりたい！という気分のときに
おすすめのエクササイズ系ストレッチ。
みるみる脂肪が燃え出します。

3
クロス
つまぷる

START

21
腰回し

25
おしり
スクワット

GOAL!

5
はい!
ストレッチ
11
引き締め
呼吸1
14
腹ペタ
ばんざい
18
体をひねる
ストレッチ
15
腹筋
もも上げ

目的別PROGRAM

猫背改善
プログラム

見た目年齢10歳若返り！も夢じゃない。
丸まった残念な姿勢が
シャキーンと伸びやかに変わるストレッチ。

2

**みぞおち
つまぷる**

START

**肩甲骨寄せ
ストレッチ**

**肩甲骨
ぐるぐる回し**

GOAL!